Vocabulario ELE B1

Léxico fundamental de español de los niveles A1-B1

Jesús Sánchez Lobato
Rosana Acquaroni Muñoz

A Blanca Aguirre Beltrán, por su dedicación a ELE.

Primera edición, 2014

Produce: **SGEL**
Avda. Valdelaparra, 29
28108 Alcobendas (Madrid)

Coordinación editorial: Jaime Corpas
Edición: Ana Sánchez
Diseño de cubierta: Thomas Hoermann
Diseño de interior: Verónica Sosa
Corrección: Susana López

ISBN: 978-84-9778-495-5
Depósito legal:
Printed in Spain – Impreso en España

Impresión: Cimapress

Índice

Presentación

Vocabulario ELE B1 es un banco de recursos destinado a profesores y alumnos de español como lengua extranjera (ELE) cuyo objetivo es facilitar la enseñanza y el aprendizaje del componente nocional del español correspondiente a los niveles básico e intermedio del *Marco común de referencia europeo para las lenguas* (MCER). Se ha organizado de acuerdo con las especificaciones referidas a los niveles de referencia para el español A1-A2-B1 del *Plan curricular del Instituto Cervantes.* La obra está concebida tanto para ser utilizada de manera autodidacta como para su uso en clase junto con el profesor.

El léxico aparece organizado temáticamente con el fin de favorecer su comprensión y su uso en situaciones reales de comunicación; la obra aúna y describe las nociones generales y específicas, así como las caracterizaciones y acciones, estados y procesos, necesarios para alcanzar la competencia léxica adecuada para el nivel B1. Para la clasificación en grupos, se ha recurrido al *Plan curricular del Instituto Cervantes.*

La obra consta de veintidós unidades temáticas que, a su vez, se componen de las secciones *Palabra por palabra* y *Actividades.*

Palabra por palabra presenta el vocabulario de la unidad por categorías gramaticales (sustantivos, adjetivos y verbos) en cada uno de los subapartados en los que se subdivide la sección. Dentro de cada sección y categoría, se han asociado los significados para ayudar a su comprensión y memorización. Además, se ofrece información morfológica y semántica para favorecer aun más estos objetivos.

Los sustantivos van precedidos del artículo como indicador de género; cuando el sustantivo puede responder a los dos géneros es presentado por *el/la*, y si varía la forma del género en el sustantivo por la aparición de */a*. Los nombres que indiquen cambio de forma aparecerán en los dos: *hombre/mujer*; los que indican empleos o profesiones, en las usuales: *profesor/a*; los acabados en *-a* aparecerán precedidos de *el/la* si son utilizados en los dos géneros: *el/la pianista.*

Los adjetivos indican el femenino si tienen variación /*a* y los que tienen una única forma, sin variación.

En los verbos, distinguimos usos no pronominales y pronominales (*parecer - parecerse*) siempre que impliquen variación significativa. Los verbos y adjetivos se presentan en unidades de comunicación respectivamente. A saber, cada entrada aparece ejemplarizada y, por consiguiente, contextualizada.

Aparecen reflejadas dos relaciones de significado: la afinidad semántica, a veces sinonimia, se indica con el signo [≈] antes del segundo término (*la infancia ≈ la niñez*) y los antónimos, con el signo [▸◂] (*largo ▸◂ corto*). El signo / se utiliza, además de para indicar el género, en combinaciones alternativas de una palabra: la baja (*laboral/por maternidad*).

El libro se ha concebido como un cuaderno de trabajo y por ello todas las entradas van acompañadas de un espacio para que el estudiante pueda escribir sus notas y su traducción.

Las **Actividades** están orientadas a la práctica autónoma o individual del vocabulario de cada unidad temática y el desarrollo de la competencia léxica, con ejercicios expresamente dirigidos a la comprensión y uso del vocabulario en contextos determinados, estrategias de autoaprendizaje y uso del diccionario, así como otros aspectos relacionados con las competencias generales y los componentes de la competencia comunicativa (lingüística, sociolingüística y pragmática).

La obra se completa con un glosario ordenado alfabéticamente y con las soluciones de las actividades propuestas en cada una de las unidades.

Creemos que con esta obra el estudiante de español puede consolidar y ampliar su vocabulario, receptivo y productivo, gracias a su organización en grupos semánticos, la presentación de combinaciones de comunicación y la presencia de actividades creativas y productivas. Ese ha sido nuestro propósito.

LOS AUTORES

1 La existencia, el tiempo y el espacio

PALABRA POR PALABRA

La existencia

Sustantivos

la vida ....
▸◂ la muerte ....
el (ser) humano ....
el (ser) vivo ....

Adjetivos

vivo/a ▸◂ muerto/a — *Después del incendio, hay pocos animales **vivos**.*

Verbos

vivir ▸◂ morir — *Su tía **murió** el año pasado, a los ochenta años.*

existir — *En España **existen** muchos tipos de embutido.*

haber — *No **hay** fruta en la nevera.*

estar — *María no **está**. Ha salido un momento.*

tener — *Ahora, en vacaciones, **tengo** mucho tiempo libre.*

ser — *Juan **es** hijo de María y Pedro.*

(des)aparecer — *El perro **ha desaparecido**, no sabemos dónde está.*

perder ▸◂ encontrar — *Creo que **he perdido** las llaves y no las **encuentro**.*

Adverbios

todo ▸◂ nada — *Se lo ha comido **todo**.*

El tiempo

Sustantivos

el tiempo
el momento
el rato
el instante

la prisa
el retraso

el principio
▸◂ el final

el presente
el pasado
el futuro

el (otro) día
el día
▸◂ la noche
(antes / después)

EL DÍA
la mañana
el mediodía
la tarde
la noche
la madrugada

LA SEMANA
el lunes
el martes
el miércoles
el jueves
el viernes

el fin de semana
el sábado
el domingo

LOS MESES
enero
febrero
marzo
abril
mayo
junio
julio
agosto
septiembre
octubre
noviembre
diciembre

EL AÑO
el siglo
la década

LAS HORAS
la hora
la (media) hora
el (cuarto de) hora
el minuto
el segundo

LAS ESTACIONES
la primavera
el verano
el otoño
el invierno

la fecha
el aniversario
el santo
el cumpleaños

el plan

la historia
la tradición

Adjetivos

(día) festivo ▸◂ laborable	*Mañana miércoles no trabajamos. Es **festivo**.*
próximo/a	*El **próximo** martes viene mi hermano a visitarme.*
presente	*Son recuerdos que tengo muy **presentes**.*
pasado/a	*La semana **pasada** fuimos de excursión a Segovia.*
futuro/a	*Cuéntame cuáles son tus planes **futuros**.*
(al día) siguiente	***Al día siguiente** llegaron mis hermanos con los regalos.*
puntual	*Es una chica muy **puntual**. Siempre llega a la hora.*
urgente	*Por favor, Marta, manda este paquete a Barcelona. Es **urgente**.*
(pre)histórico/a	*Han encontrado un monumento **prehistórico** muy importante.*
antiguo/a	*Esa canción es muy **antigua**.*

Verbos

ser	*¿A qué hora **es** el examen?*
estar (a)	*Hoy **estamos a** veintitrés de abril, Día del Libro.*
empezar ▸◂ terminar	*Siempre **empiezo** el día con un buen desayuno.*
seguir ≈ continuar	*¿**Sigues** practicando deporte o ya lo has **dejado**?*
dejar (de)	*He **dejado de** fumar hace una semana.*
ganar ▸◂ perder (tiempo)	*Estudia, no **pierdas** el **tiempo**.*
llevar (tiempo)	***Llevo** seis meses estudiando español.*

esperar	*Me voy. No puedo **esperar** ni un segundo más.*
tardar	*¡Cuánto **tarda** hoy el autobús! ¿Qué habrá pasado?*

Adverbios

anoche	*¿Qué tal lo pasasteis **anoche**?*
ayer	***Ayer** llegué muy tarde a casa. Por eso no te llamé.*
anteayer	***Anteayer** estuve todo el día fuera de casa.*
hoy	*¿Qué vas a hacer **hoy** por la tarde? Si quieres, salimos.*
mañana	*Mónica se vuelve **mañana** a México.*
pasado mañana	*Jesús se va a Japón **pasado mañana**.*
(desde / hasta) ahora	***Desde ahora** voy a estudiar más. Te lo prometo.*
(desde / hasta) entonces	*Tuve un problema de salud y **desde entonces** no fumo.*
después ≈ luego	***Luego** te llamo, ¿vale?*
siempre ▸◂ nunca	*Yo **nunca** he estado en Londres. ¿Y tú?*
ya ▸◂ todavía	***Todavía** no he terminado el ejercicio.*
tarde ▸◂ pronto ≈ temprano	*Date prisa que son las dos y vamos a llegar **tarde**.* *No la despiertes todavía. Es muy **temprano**.*
despacio	*No te entiendo. Háblame más **despacio**, por favor.*
actualmente	***Actualmente** se puede buscar trabajo desde casa, por internet.*
últimamente	*No sé qué me pasa. **Últimamente** me duele mucho la cabeza.*
inmediatamente	*Si es urgente, voy **inmediatamente**.*

(hora) en punto	*Son las ocho **en punto** de la mañana.*
(hora) menos (minutos)	*Son las nueve **menos** diez y aún no ha llegado.*
(hora) y (minutos)	*La clase empieza a las nueve y media.*
(hora) y cuarto	*Tengo que estar allí a las cinco **y cuarto**.*
(hora) y media	*El programa empieza a las siete **y media**.*

El espacio

Sustantivos

LA POSICIÓN
el lugar
≈ el sitio
la zona
la parte

el lado
la izquierda
⧓ la derecha
el medio
el fondo

el principio
⧓ el final

LOS PUNTOS CARDINALES
el norte
el sur
el este
el oeste

el nordeste
el sudeste
el suroeste
el noroeste

LA DISTANCIA
el centímetro
el metro
el kilómetro

LA ORIENTACIÓN
la dirección
el camino

EL ORDEN
la cola
el siguiente
el/la primero/a
⧓ el/la último/a
el/la segundo/a
el/la tercer
≈ el/la tercero/a
el/la cuarto/a
el/la quinto/a
el/la sexto/a
el/la séptimo/a
el/la octavo/a
el/la noveno/a
el/la décimo/a
el/la undécimo/a
≈ decimoprimero/a
el/la duodécimo/a
≈ decimosegundo/a

el/la decimotercero/a	el/la decimoséptimo/a ....
el/la decimocuarto/a	el/la decimoctavo/a ....
el/la decimoquinto/a	el/la decimonoveno/a ....
el/la decimosexto/a	el/la vigésimo/a ....

Adjetivos

derecho/a ▸◂ izquierdo/a	*Vamos, mejor, por el lado* ***izquierdo*** *de la carretera.*
....	....
recto/a	*Sigue todo* ***recto*** *hasta llegar a la plaza.*
....	....
interior ▸◂ exterior	*Las habitaciones son* ***interiores****, no dan a la calle.*
....	....
junto/a ▸◂ separado/a	*La cocina y el comedor están* ***juntos****, en una habitación.*
....	....
(des)ordenado/a	*Es muy* ***desordenado****, nunca guarda su ropa en el armario.*
....	....
(des)organizado/a	*Es muy* ***desorganizada*** *con su trabajo y no lo termina nunca.*
....	....

Verbos

estar (a)	*Toledo* ***está a*** *unos setenta kilómetros de Madrid.*
....	....
acercarse ▸◂ alejarse	*Se* ***acercó*** *para preguntarle qué hora era.*
....	....
separarse	*Cuando llegaron al final del camino,* ***se separaron****.*
....	....
coger	*Si quieres llegar antes,* ***coge*** *la autopista.*
....	....
seguir ≈ continuar	*Tienes que* ***continuar*** *por ese camino hasta llegar a la plaza.*
....	....
cruzar	*Antes de* ***cruzar*** *la calle hay que mirar si viene un coche.*
....	....
subir ▸◂ bajar	*¿Quieres* ***subir*** *a casa un rato?*
....	....
meter ▸◂ sacar	***Mete*** *dentro la mesa del jardín, que está a punto de llover.*
....	....
(des)ordenar	*El ladrón lo* ***había desordenado*** *todo para encontrar el dinero.*
....	....
(des)organizar	*Tienes que* ***organizar*** *mejor la ropa del armario.*
....	....

Adverbios

antes ▸◂ después	*Mi casa está bastante cerca,* ***después*** *del parque.*
aquí	*Ya estoy* ***aquí****. He tardado porque había mucho tráfico.*
ahí	*En ese bar de* ***ahí*** *hacen una paella muy rica.*
allí	*Yo nací en Bilbao.* ***Allí*** *está todavía la casa familiar.*
arriba ▸◂ abajo	*Sube y coge el bolso. Está* ***arriba*** *en el dormitorio.*
encima ▸◂ debajo	*Tus zapatillas están* ***debajo*** *de la cama.*
delante ▸◂ detrás	*Tu abrigo está colgado* ***detrás*** *de la puerta.*
dentro ▸◂ fuera	*¿Dónde prefieres comer?, ¿****dentro*** *o* ***fuera****?*
cerca ▸◂ lejos	*Su casa no está muy* ***lejos*** *de aquí.*
(des)ordenadamente	*No sabe bailar. Se mueve* ***desordenadamente*** *y sin dirección.*
(des)organizadamente	*Si estudias* ***organizadamente****, terminarás antes.*

ACTIVIDADES

1 Empareja los números ordinales con los cardinales.

5	noveno
12	cuarto
9	quinto
16	undécimo/decimoprimero
4	vigésimo
11	duodécimo/decimosegundo
20	decimosexto
8	segundo
18	octavo
2	decimoctavo

2 Sustituye la palabra que está en **negrita** para decir lo contrario.

1 Vamos, mejor, por el lado **izquierdo** de la carretera.

....

2 Las camas están **juntas**, en la misma habitación.

....

3 El gimnasio está cerca, **después** de la parada del autobús.

....

4 Es mejor llamar a tu madre más **tarde**. Ahora estará durmiendo.

....

5 **Se acercó** un poco para ver mejor el paisaje.

....

3 Completa las frases con una de las siguientes palabras.

nunca pasada todavía siguiente próximo

1 El .... lunes llega mi madre de Bruselas. ¡Tengo muchas ganas de verla!
2 Espera un poco. .... no estoy lista. Tengo que terminar de vestirme.
3 En 2011 se conocieron y al año .... se casaron. Desde entonces son muy felices.
4 La semana .... terminó el curso. Ya no tenemos clase hasta el mes de octubre.
5 La verdad es que .... había probado este pescado. Es la primera vez... ¡Está riquísimo!

4 Relaciona. Fíjate en el ejemplo.

SER
ESTAR
CRUZAR
SUBIR
METER
ORDENAR
TARDAR

en el cajón
la habitación
cinco minutos
lejos
(por) las escaleras
el puente
al último piso
tarde
dentro
pronto
las ideas
aquí
(tiempo) en hacer algo

2 La cantidad y la cualidad

PALABRA POR PALABRA

La cantidad

Sustantivos

la cantidad
el total
la mitad
el doble
un cuarto
un tercio

la mayoría
▸◂ la minoría
el grupo

la subida
▸◂ la bajada

el número (por ciento)
≈ el tanto (por ciento)

LA MEDIDA
el centímetro
el metro
el peso
el kilo(gramo)

el grado

Adjetivos

grande ▸◂ pequeño/a — *Tu perro es más **grande** que el mío.*

mediano/a — *Su coche no es ni grande ni pequeño, es **mediano**.*

normal — *Ana no está gorda. Su peso es **normal**.*

enorme — *Es una casa **enorme**. Tiene catorce habitaciones.*

menor ▸◂ mayor — *Yo soy el hermano **mayor** y Elvira es la **menor**.*

largo/a ▸◂ corto/a — *Es una mesa muy **larga**, para muchos invitados.*

estrecho/a ▸◂ ancho/a — *Algunas calles de Madrid son muy **estrechas**.*

alto/a ▸◂ bajo/a — *Baja un poco la música, por favor. Está demasiado **alta**.*

pesado/a ▸◂ ligero/a — *Me gusta tu maleta, es muy **ligera**. No pesa nada.*

lleno/a ▸◂ vacío/a	*Por las mañana el autobús va siempre* ***lleno*** *de gente.*
(grado) centígrado	*El agua está a veinte* ***grados centígrados****.*
(grado) bajo cero	*¡Qué frío! Estamos a dos* ***grados bajo cero****.*
mucho/a ▸◂ poco/a	*Hoy hay* ***mucha*** *gente en el parque.*
alguno/a ▸◂ ninguno/a	*¿Tienes* ***alguna*** *novela interesante?*

Verbos

contar	***He contado*** *ya las sillas; hay veinte y somos veinticinco.*
sumar ▸◂ restar	*Mi hijo ya ha aprendido a* ***sumar*** *y a* ***restar****.*
multiplicar ▸◂ dividir	*Primero,* ***divide*** *la tarta en cinco partes antes de cortarla.*
aumentar ▸◂ disminuir	*Los precios* ***han aumentado*** *mucho este último año.*
caber	*El armario está lleno. Ya no* ***cabe*** *nada más.*
llenar ▸◂ vaciar	***Llena*** *la botella de agua, por favor.*
subir ▸◂ bajar	***Ha subido*** *el precio de la gasolina.*
medir	*Tu dormitorio* ***mide*** *veintitrés metros cuadrados.*
pesar	*¿Cuánto* ***pesa*** *esa caja?*
crecer	*Ese árbol* ***ha crecido*** *mucho desde el año pasado.*
usar ≈ tener	*¿Qué talla* ***usas****?*
calzar ≈ tener	*¿Qué número* ***calzas****?*

Adverbios

más ▸◂ menos	*Tienes que estudiar **más**.*
mucho ▸◂ poco	*Creo que he comido **mucho**.*
bastante	*Me voy a levantar. Ya he dormido **bastante**.*
demasiado	*No me encuentro bien. He comido **demasiado**.*
todo ▸◂ nada	*Hay mucho ruido. No oigo **nada**.*
casi (nadie)	*Es muy pronto. Todavía no ha llegado **casi nadie**.*
solo ≈ solamente	*No, no quiero comer. **Solamente** voy a beber agua.*

La cualidad

Sustantivos

la cualidad
la clase
el tipo

LAS FORMAS
el punto
la línea
el lado
el círculo
el cuadrado
el rectángulo
el triángulo

la humedad
▸◂ la sequedad

LOS COLORES
el rojo
el amarillo
el azul
el verde
el naranja
el marrón
el blanco
el negro
el gris

Adjetivos

bueno/a ▸◂ malo/a	*Es un perfume muy **bueno**. Por eso es tan caro.*
redondo/a	*La mesa de la cocina es **redonda**.*
cuadrado/a	*La plaza del pueblo tiene forma **cuadrada**.*

rectangular	*El salón es **rectangular**.*
triangular	*Nunca había visto una mesa **triangular**.*
horizontal ⧓ vertical	*Un cuadrado tiene dos lados **horizontales** y dos **verticales**.*
diagonal	*Es una calle **diagonal** que corta a la plaza.*
plano/a	*Antes creían que la Tierra era **plana**.*
recto/a	*Dibuja una línea **recta** en el papel.*
regular	*Es una forma **regular**.*
húmedo/a	*La ropa está **húmeda** todavía.*
mojado/a ⧓ seco/a	*Después de regar, la tierra del jardín está **mojada**.*
caliente ⧓ frío/a	*¿Cómo te gusta más el té?, ¿**frío** o **caliente**?*
templado/a	*Prefiero lavar la ropa con agua **templada**.*
sólido/a ⧓ líquido/a	*Cuando hace mucho calor, hay que beber mucho **líquido**.*
fuerte	*Tranquilo, esta caja no se rompe. Es de un material muy **fuerte**.*
frágil	*Ten cuidado con el florero de cristal. Es muy **frágil**.*
duro/a ⧓ blando/a	*El pan está muy **duro** y no lo puedo cortar.*
flexible	*No, no se rompe. Está hecho de un material muy **flexible**.*
suave	*¡Qué **suave** es tu toalla! Me encanta.*
claro/a ⧓ oscuro/a	*Se ha comprado un coche azul **oscuro**.*
pintado/a	*La puerta está **pintada** de verde claro.*
igual ⧓ diferente	*Cada cuadro es diferente. No hay dos **iguales**.*

parecido/a	*Yo tengo una camisa **parecida** a esta.*
bonito /a ▸◂ feo/a	*¡Qué chaqueta tan **bonita** llevas hoy!*
nuevo/a ▸◂ viejo/a	*Marina tiene un **nuevo** novio.*
abierto/a ▸◂ cerrado/a	*Cuando llegué, la puerta estaba **abierta**.*
limpio/a ▸◂ sucio/a	*Me gusta llevar siempre la ropa muy **limpia**.*
roto/a	*Mira, ese vaso está **roto** por abajo.*
estropeado/a	*La nevera no funciona, está **estropeada**.*
fácil ▸◂ difícil	*Tranquila, el examen es muy **fácil**.*
interesante	*Ahora ponen un programa muy **interesante** en la televisión.*
importante	*Tengo una noticia **importante**: ¡Me caso el mes que viene!*
increíble	*¡Es **increíble**!, lleva toda la noche bailando y no está cansada.*

Verbos

ser	*Para aprender un idioma **es** importante practicar mucho.*
tener (forma de)	*He preparado una tarta que **tiene forma de** flor.*
parecer	*¿Qué libro estás leyendo? **Parece** muy interesante.*
parecerse (a)	*Cada día **se parece** más a su madre.*
abrir ▸◂ cerrar	*No **abras** la ventana, que hace mucho frío.*
romper(se)	*No toques más esa rama. La vas a **romper**.*
calentarse ▸◂ enfriarse	*Si pones el vino en la nevera, **se enfría** antes.*

Adverbios

(muy) bien ▸◂ (muy) mal	*Tu examen está **muy bien**. Enhorabuena.*
regular	*Estoy **regular**. Todavía tengo tos y me duele la cabeza.*

ACTIVIDADES

1 Empareja las palabras con su signo o abreviatura correspondiente.

1 %	a sumar
2 :	b la mitad
3 +	c por ciento
4 "	d grados
5 ½	e centímetro
6 º	f dividir
7 cm	g segundos

2 Busca en las listas de la unidad y escribe el **verbo** que falta, como en el ejemplo.

Si hace frío, es mejor cerrar la ventana.

1 Antes de cortar la tarta, es mejor ________ en partes iguales.
2 Para ________ la comida utilizo el microondas.
3 Antes de cocinar es mejor ________ cada ingrediente.
4 Para vender más, hay que ________ el precio de algunos productos.
5 Antes de ________ la jarra de agua, hay que lavarla un poco.

3 Tacha la palabra que no pertenece a la serie.

1	número	total	cantidad	multiplicar	metro
2	crecer	estropeado	centímetro	alto	medir
3	centígrado	caliente	vacío	enfriarse	aumentar

4 Completa con los siguientes verbos. Haz los cambios necesarios.

parecer parecerse romper romperse pesar pesarse

1 ¿Qué te ________ la película? A mí me está gustando mucho.
2 Esa piedra ________ mucho. No podemos moverla.
3 Tengo que comer menos. Esta mañana ________ y he engordado tres kilos.
4 Raúl ________ más a su madre que a su padre.
5 Las navidades pasadas Manuel ________ el brazo esquiando.
6 El agua helada puede ________ una roca.

3 La dimensión física

PALABRA POR PALABRA

Las partes del cuerpo

Sustantivos

LA CABEZA
el pelo
la oreja
el cuello

LA CARA
la frente
los ojos
las cejas
las pestañas
la nariz

LA BOCA
el labio
el diente
la muela
la encía
la lengua
la garganta

EL TRONCO
el cuerpo
la espalda
el hombro
el pecho
la cintura
la cadera
la barriga

LAS EXTREMIDADES
el brazo
el codo
la muñeca
la mano
la pierna
la rodilla
el tobillo
el pie
el dedo

LOS ÓRGANOS
el cerebro
el oído
el pulmón
el corazón
el estómago
el intestino
el hígado
el riñón
el sexo

la piel
el músculo
el hueso

Adjetivos

abierto/a ▸◂ cerrado/a — *Hay que comer con la boca* ***cerrada****.*

derecho/a ▸◂ izquierdo/a — *Me duele un poco el oído* ***izquierdo****.*

grande ▸◂ pequeño/a — *Ese chico tiene la nariz muy* ***grande****.*

Verbos

mover	*María **mueve** mucho las manos cuando habla.*
andar ≈ caminar	*Mi hermano **anda** mucho cada día.*
dar (un paseo)	*Hoy hace buen día. ¿Quieres **dar un paseo**?*
saltar	*Tu gato **ha saltado** desde la ventana.*
correr	*Si no **corremos**, vamos a llegar tarde.*
dormir(se) ▸◂ despertar(se)	***Duermo** mal y **me despierto** varias veces durante la noche.*
relajar(se)	*Estás muy nervioso: ¡**Relájate** un poco, hombre!*
sentarse ▸◂ levantar(se)	*Si estás cansada, **siéntate** un rato aquí.*
acostarse ▸◂ levantar(se)	*¿A qué hora **te acuestas**?*
echar(se)	*Cuando puedo, después de comer, **me echo** la siesta.*
doblar	*No puedo **doblar** el brazo. Me duele mucho.*
levantar	*Para saltar, tienes que **levantar** más la pierna derecha.*
subir ▸◂ bajar	***Subir** y **bajar** las piernas es un buen ejercicio.*
estirar(se)	*Es importante **estirar** los músculos después de correr.*
abrir ▸◂ cerrar	*Si **cierras** los ojos, no ves nada.*
respirar	*Me gusta ir al campo y **respirar** aire más limpio.*
llorar	*Ana, ¿qué te pasa? ¿Por qué **lloras**?*

La descripción física

Sustantivos

el tipo
la postura
la mirada
la altura

el centímetro
el metro

el peso
el kilo(gramo)

las gafas
el bigote
la barba

Adjetivos

alto/a ▸◂ bajo/a	*Pedro no es ni **alto** ni **bajo**. Es normal.*
mediano/a	*Como estoy más delgado, uso una talla **mediana**.*
gordo/a ▸◂ delgado/a	*Eran **gordos**, pero ella ha hecho dieta y está más **delgada**.*
guapo/a ▸◂ feo/a	*¡Qué **guapa** estás con ese vestido!*
rubio/a ▸◂ moreno/a	*Yo soy **rubia** y mi hermano es **moreno**.*
rizado/a ▸◂ liso/a	*María tiene el pelo **rizado**, pero ahora lo lleva **liso**.*
largo/a ▸◂ corto/a	*Carmen tiene el pelo muy **corto**.*
sucio/a ▸◂ limpio/a	*Me lavo el pelo cada mañana. Me gusta tenerlo muy **limpio**.*
calvo/a	*Miguel está cada vez más **calvo**.*
oscuro/a ▸◂ claro/a	*Tienes el pelo más **oscuro** que la barba.*
blanco/a ▸◂ negro/a	*Mi abuelo tiene el pelo **blanco**.*
verde	*Su novio tiene unos ojos **verdes** muy bonitos.*
azul	*Yo tengo los ojos **azules**.*
gris	*Mi hermano José es joven pero tiene el pelo **gris**.*
marrón	*Los ojos de Ana son **marrones**.*

Verbos

ser	*Su pelo **es** tan liso como el mío.*
estar	*¡Qué moreno **estás**! ¿Has ido a la playa?*
tener	*Mi hija **tiene** los ojos grandes.*
parecerse (a)	*Yo **me parezco** mucho **a** mi madre.*
llevar	*Cuando era joven no **llevaba** gafas.*
medir	*¡Qué alto eres! ¿Cuánto **mides**?*
pesar	*Ahora **peso** 72 kilos, ¿y tú?*

El ciclo de la vida

Sustantivos

LA VIDA
la adolescencia
el/la adolescente
el anticonceptivo
el preservativo
la regla

LA MUERTE
el cementerio
el tanatorio

Adjetivos

joven ▸◂ viejo/a	*No te preocupes, tienes tiempo. Eres muy **joven** todavía.*
vivo/a ▸◂ muerto/a	*Ese hombre no respira. Está **muerto**.*
embarazada	*¡Qué bien! Mi hermana está **embarazada**.*
sexual	*Es todavía muy joven para tener relaciones **sexuales**.*

Verbos

esperar (un hijo)	*Mariana está **esperando un hijo**.*
tener (un hijo)	*Elisa **ha tenido un hijo** y está feliz.*
nacer	*¿Dónde **naciste**?*

vivir ▸◂ morir	*Elvira tenía 95 años cuando* ***murió****. Tuvo una vida muy larga.*
crecer	*Alvarito, pero ¡cómo* ***has crecido****! Estás muy alto.*
tomar (la píldora)	*Ya* ***no tomo la píldora*** *porque queremos tener un hijo.*
usar (preservativos)	*Es importante* ***usar preservativos*** *en las relaciones sexuales.*
tener (la regla)	*A veces se echa un rato cuando* ***tiene la regla****.*

Los cinco sentidos

Sustantivos

el tacto
el olfato
el olor
la vista
el sabor
el gusto
el oído
el sonido
el ruido

Adjetivos

duro/a ▸◂ suave	*Me gusta tu perfume. Tiene un olor muy* ***suave****.*
(des)agradable	*¡Qué* ***desagradable*** *es ese ruido!*
sensible	*Me molesta mucho el ruido. Tengo un oído muy* ***sensible****.*
suave ▸◂ fuerte	*Me encantan los sabores* ***fuertes*** *de la cocina india.*
rico/a	*¡Qué* ***rico*** *está este arroz! Tienes que darme la receta.*
salado/a	*Prueba la sopa, ¿no está un poco* ***salada****?*
dulce	*Los postres muy* ***dulces*** *me dan mucha sed.*
amargo/a	*No me gusta este sabor, es un poco* ***amargo****.*
picante	*La comida mexicana es muy* ***picante****.*
alto/a ▸◂ bajo/a (sonido)	*Baja el sonido. Está muy* ***alto****.*

Verbos

sentir	*Me gusta* ***sentir*** *el olor de las flores en primavera.*
tocar	*¡Ay! No me* ***toques*** *ahí, que me duele mucho.*
besar	*En España nos saludamos con dos* ***besos****.*
abrazar(se)	*No se veían hace tiempo y* ***se abrazaron*** *con fuerza.*
oler	*¡Qué mal* ***huele****! Creo que la comida se está quemando.*
ver ≈ mirar	*Y tú, ¿****ves*** *mucho la tele?*
probar	***He probado*** *la tarta. Está muy rica.*
saber (a algo)	*¿A qué* ***sabe*** *tu helado? El mío sabe a chocolate.*
oír ≈ escuchar	*Los domingos* ***escucho*** *música clásica mientras desayuno.*

ACTIVIDADES

1 Tacha el **adjetivo** incorrecto y sustitúyelo por el correcto.

1 el pan **amargo**

2 la comida mejicana **picante**

3 la música en una discoteca **baja**

4 el chocolate negro **amargo**

5 el olor a amoniaco **agradable**

6 la piel de un bebé **suave**

7 el tronco de un árbol **rugoso**

8 la paella **rica**

9 el olor a gasolina **fuerte**

2 Completa con los siguientes verbos. Haz los cambios necesarios.

tener (2) medir saltar estar crecer llevar ser correr
parecerse levantarse despertarse estirar

1 Esta tarde voy a ir a la peluquería para cortarme el pelo. ¡Lo .... muy largo!
2 ¡Qué barbaridad! ¿Cuánto .... tu hijo? ¡.................... más de dos centímetros desde que no lo veo!
3 Julio es el chico que .... la camiseta azul… ¡Sí, hombre, el que .... moreno, ... bigote y está sentado al lado de Ana!
4 Tú .... mucho a tu abuela. Tienes sus mismos ojos.
5 Miguel trabaja de camarero en una terraza que hay cerca de la playa, por eso .... siempre tan moreno.
6 Yo cuando ...., lo primero que hago antes de .... de la cama, es .... los brazos y las piernas.
7 Estrella es una niña muy alegre. Siempre está .... y .... por el jardín, con sus amigos. Le encanta jugar con ellos.

3 ¿Qué **partes del cuerpo** participan en las siguientes acciones? Mira el ejemplo.

abrazar	*los brazos, las manos, el cuello, la cabeza, el tronco.*
1 besar	
2 saltar	
3 llorar	
4 respirar	

4 Completa con los siguientes verbos. Haz los cambios necesarios.

ver mirar oír escuchar andar estirar moverse

1 ...., Carlos, ahí está tu hermana. Vamos a saludarla.
2 ¿Qué dices? No te .... nada con tanto ruido.
3 Roberto no te oye. Está en su habitación, ... música.
4 Sin las gafas no .... casi nada. Es que soy miope.
5 El médico me ha dicho que tengo que .... dos kilómetros cada día.
6 Este animal está herido. Por eso, no puede ....
7 Después de hacer ejercicio hay que .... bien cada músculo.

La dimensión personal

4

PALABRA POR PALABRA

La identificación personal

Sustantivos

la persona
el hombre
▸◂ la mujer
el/la recién nacido/a
el bebé
el/la niño/a
el/la chico/a
el/la joven
el/la anciano/a
≈ la persona mayor

el nombre
el apellido
el señor (Sr.)
la señora (Sra.)
los señores (Sres.)
las señoras (Sras.)

el/la (ex)novio/a
el (ex)marido
la (ex)mujer
la (ex)pareja
el matrimonio
el divorcio

Adjetivos

masculino/a ▸◂ femenino/a	*María lleva un corte de pelo muy **masculino**.*
heterosexual	*Tengo tantos amigos homosexuales como **heterosexuales**.*
homosexual ≈ gay	*La comunidad **gay** celebró la aprobación de la nueva ley.*
bisexual	*Mi amigo Andrés me confesó el otro día que era **bisexual**.*
transexual	*Un estudiante **transexual** reclamó su derecho a ir al colegio vestido de mujer.*
lesbiana	*Jamie Babbit es una cineasta **lesbiana** muy reconocida.*
soltero/a ▸◂ casado/a	*Pedro tiene cuarenta años y está todavía **soltero**.*
separado/a	*Eva y Luis están **separados** desde hace dos años.*
divorciado/a	*Mis padres están **divorciados**, pero se llevan muy bien.*
viudo/a	*Ángel es **viudo** y tiene tres hijos.*

Verbos

llamarse — *¿Cómo* ***te llamas****?*

nacer — *Picasso* ***nació*** *en Málaga en 1881.*

vivir — *¿Ya no* ***vives*** *en Madrid?*

morir — *Tengo una mala noticia: Enrique* ***ha muerto*** *esta mañana.*

casarse — *Estoy feliz porque* ***me caso*** *el mes que viene.*

separarse — *¿Sabes qué? María y Juan* ***se han separado****.*

divorciarse — *Sus padres* ***se divorciaron*** *en 1999.*

Las relaciones familiares y sociales

Sustantivos

LA FAMILIA
el padre
▸◂ la madre
el/la hijo/a
el/la hermano/a
el/la abuelo/a
el/la bisabuelo/a
el/la nieto/a
el/la tío/a
el/la sobrino/a
el/la primo/a
el/la cuñado/a
el/la suegro/a

el yerno
▸◂ la nuera

el/la amigo/a
▸◂ el/la enemigo/a
el/la colega
el/la compañero/a

la fiesta
la celebración
el cumpleaños
el regalo

Adjetivos

familiar — *Va a ser una fiesta* ***familiar****.*

cercano/a ▸◂ lejano/a — *No lo conozco. Es un tío* ***lejano*** *que no vive aquí.*

(hijo/a) único/a — *¿Eres* ***hijo único****?*

(primo/a) hermano/a / segundo/a	*Antonio es **primo hermano**, hijo de mi tía Luisa.*
gran (amigo /a)	*Sí, Lola es una **gran amiga** mía. Siempre me ayuda en todo.*
mejor ▸◂ peor (amigo/a)	*Te presento a Pablo, mi **mejor amigo**.*
invitado/a	*Mis compañeros de clase están **invitados**.*

Verbos

quedar	*¿Cómo **quedamos** esta tarde?*
organizar	*Quiero **organizar** una fiesta para celebrar mi cumpleaños.*
invitar	*Sandra no **ha invitado** a Ana porque le cae muy mal.*
celebrar	*¿Has aprobado el examen? ¡Qué bien! ¡Vamos a **celebrarlo**!*
felicitar	*Te **felicito** por el trabajo. Es estupendo.*
cumplir (años)	*¿Cuántos **años cumples**?*
regalar ≈ hacer (un regalo)	*Quiero **hacerle un regalo** a Marta, pero no tengo dinero.*
envolver ▸◂ abrir (un regalo)	*¿**Envolvemos** ya **los regalos**? Su cumpleaños es mañana.*
convivir	*Es importante saber **convivir** cuando no vives solo.*
discutir	*Creo que se van a separar. Siempre están **discutiendo**.*
besar(se)	***Se besan** en cualquier sitio... Están muy enamorados.*
abrazar(se)	*Al final, cuando terminó la discusión, **se abrazaron**.*
dar(se) (la mano)	*Después de presentarse **se dieron la mano**.*
ligar (con alguien)	*Pablo siempre está en la discoteca, **ligando con** las chicas.*
enamorarse (de alguien)	*Ana **se ha enamorado de** Javier. Le mira mucho en clase.*

El carácter y la personalidad

Sustantivos

el optimismo ....
▸◂ el pesimismo ....

la (in)tranquilidad ....
la (im)paciencia ....
el nerviosismo ....

la amabilidad ....
la seriedad ....
la responsabilidad ....
la (in)seguridad ....
la inteligencia ....

Adjetivos

optimista ▸◂ pesimista	*Es **optimista**. Cree que todos los problemas tienen solución.*
alegre ▸◂ triste	*Es una persona muy **alegre**: siempre se está riendo.*
contento/a	*Cuando le he dicho que venías, se ha puesto muy **contento**.*
tranquilo/a ▸◂ nervioso/a	*Es una chica muy **tranquila**: nunca tiene prisa.*
paciente ▸◂ impaciente	*Cuando trabajas con ancianos, tienes que ser muy **paciente**.*
tímido/a ≈ cerrado/a ▸◂ abierto/a	*No le gusta salir con gente que no conoce porque es **tímida**.*
antipático/a ▸◂ simpático/a	*¡Qué **antipático** es ese chico! No quiere hablar con nadie.*
hablador/a	*Es un alumno muy **hablador** y nunca escucha a la profesora.*
majo/a	*Me encanta hablar con tu prima Luisa, ¡es muy **maja**!*
amable	*Muchas gracias, es usted muy **amable**.*
sincero/a	*Sé **sincera**, María, y dime lo que piensas.*
(des)agradable	*Es una persona muy **desagradable**. Todo le parece mal.*
sociable	*Felipe es muy **sociable**: le encanta salir, conocer gente.*
arrogante	*Es un **arrogante:** cree que es el más guapo de la clase.*
serio/a	*¡Qué **seria** eres! Nunca cuentas ningún chiste.*

divertido/a	*Me encanta salir con Sandra, es muy **divertida**.*
listo/a	*Es una chica muy **lista**: lo entiende todo rápidamente.*
inteligente	*Pedro es más **inteligente** que Álvaro.*

Verbos

ser	***Es** un hombre muy triste: siempre está en casa, solo.*
estar	*¿Qué te pasa, Javier? ¿Por qué lloras? ¿**Estás** triste?*
parecer	*A Ana no la conozco mucho todavía pero **parece** maja.*

Las percepciones, las sensaciones y los sentimientos

Sustantivos

el sentimiento ....
la amistad ....
el amor ....
la sorpresa ....
el dolor ....
la pena ....
el miedo ....

Adjetivos

deprimido/a	*Está **deprimido** desde que murió su padre.*
cansado/a	*Hoy me quedo en casa. Estoy bastante **cansada**.*
estresado/a	*Estoy **estresada** porque tengo mucho trabajo.*
enfadado/a	*Está **enfadada** conmigo porque no la llamé ayer.*

Verbos

ponerse	*Si piensa en su familia, **se pone** triste porque está lejos.*
sentirse	*Ahora **me siento** bien. Ya no me duele la cabeza.*
encontrarse	***Me encuentro** cansada y no sé por qué. Voy a ir al médico.*
querer(se)	*Pablo y Sofía **se quieren** mucho.*

amar ⧓ odiar	*José **odia** a su hermano pequeño. Se lleva muy mal con él.*
reírse	*El bebé **se ríe** cuando ve a su mamá.*
cansar(se)	*Está enferma y no puede andar mucho porque **se cansa**.*
gustar	*A ella le **gusta** comprar ropa cara.*
encantar	*A Elena le **encanta** viajar y conocer sitios diferentes.*
aburrir(se)	*Beatriz siempre está haciendo algo. No **se aburre** nunca.*
divertir(se) ≈ disfrutar	*¡Que **te diviertas**!*
deprimirse	*Prefiero no escuchar las noticias porque **me deprimo**.*
enfadar(se)	*¿Por qué no le hablas? ¿**Te has enfadado** con él?*

Los valores, los modales y los comportamientos

Sustantivos

la educación

Adjetivos

tolerante	*Ser **tolerante** es aceptar las diferencias.*
trabajador/a ⧓ vago/a	*Es un **vago**: siempre está en la cama, sin hacer nada.*
generoso/a ⧓ egoísta	*Eres **egoísta** porque solo piensas en ti mismo.*
sincero/a ⧓ mentiroso/a	*¡**Mentiroso**!, yo no te dije eso.*
travieso/a	*Mi hijo es muy **travieso** y se porta mal en clase.*
(mal)educado/a	*La gente que come con la boca abierta es **maleducada**.*

Verbos

ser	***Es** generoso con sus amigos y les invita siempre.*
portarse (bien ⧓ mal)	*Si **te portas bien**, te hago un regalo.*

ACTIVIDADES

1 Escribe los siguientes **adjetivos** en la columna correspondiente. Fíjate en el ejemplo.

impaciente	amable	enfadado/a	arrogante
egoísta	bueno/a	tranquilo/a	travieso/a
estresado/a	alegre	generoso/a	triste

CUALIDADES +	CUALIDADES -
educado/a	*maleducado/a*

2 Asocia cada **adjetivo** con su definición.

1 vago/a
2 sociable
3 mentiroso/a
4 soltero/a
5 majo/a

a Le encanta estar con gente.
b No dice la verdad.
c No le gusta mucho trabajar. Prefiere no hacer nada.
d Es una persona agradable y simpática.
e No se ha casado todavía.

3 Completa las frases con los siguientes **verbos**. Haz los cambios necesarios.

envolver enamorarse ponerse discutir quedar portarse convivir

1 Cuando llueve mucho y no puedo salir a pasear, ... un poco triste.
2 Ana y yo .... hoy a las cinco, para ir al cine.
3 Ya le he comprado el regalo a mi madre. Ahora tengo que ....
4 Creo que .... de Pablo. Estoy todo el día pensando en él.
5 Ernesto y Julia .... todo el día. Por eso se han divorciado.
6 Javier y sus amigos .... sin problemas en el mismo piso.
7 Es un niño muy travieso que .... muy mal. Por eso su madre está enfadada.

5 La alimentación

PALABRA POR PALABRA

Las comidas

Sustantivos

la dieta ....

el desayuno ....
el aperitivo ....
la comida ....
la merienda ....
la cena ....

la tapa ....
el (primer / segundo) plato ....
el postre ....
el café ....

la receta ....
el ingrediente ....

Adjetivos

rico/a ≈ bueno/a	*Esta sopa está **buena**, pruébala.*
....	....
riquísimo/a ≈ buenísimo/a ≈ delicioso/a	*Siempre prepara unos postres **deliciosos**.*
....	....
sano/a	*Es mejor preparar comida **sana**.*
....	....
equilibrado/a	*Para estar sano debes llevar una dieta **equilibrada**.*
....	....
vegetariano/a	*Como soy **vegetariana** no como carne ni pescado.*
....	....
salado/a	*La comida estaba **salada** y ahora tengo mucha sed.*
....	....
dulce	*No me gustan los postres demasiado **dulces**.*
....	....
fuerte ►◄ suave	*Es un chocolate **suave** porque tiene mucha leche.*
....	....
amargo/a	*El chocolate negro es muy **amargo**.*
....	....
ligero/a ►◄ pesado /a	*Prefiero la comida **ligera**, sin mucho aceite.*
....	....
picante	*¡Qué **picante** está esta salsa! ¿Qué le has puesto?*
....	....

Verbos

tomar — *¿Qué quieres **tomar**? Tengo vino y cerveza.*

preparar — *Mi marido me **prepara** la cena cuando estoy trabajando.*

hacer — *Dentro de cinco minutos **hacemos** la comida, ¿te parece?*

llevar (salsa, arroz) — *El gazpacho **lleva** tomate, pepino, pimientos y cebolla.*

servir(se) — *¿**Te sirvo** un poco más de té?*

desayunar — *Los domingos **desayuno** más tarde.*

comer — *Si quieres, quedamos a las dos y media para **comer** juntas.*

merendar — *En España los niños **meriendan** un bocadillo.*

cenar — *No, gracias, no quiero **cenar**. Me voy a la cama.*

Los recipientes y los utensilios de cocina y mesa

Sustantivos

el mantel
la servilleta

LOS CUBIERTOS
el tenedor
el cuchillo
la cuchara
los palillos
el plato

la botella

el vaso
la taza
la copa
la jarra (de agua / cerveza)
la lata
el bote
el paquete

la sartén
el cazo

Adjetivos

limpio/a ▸◂ sucio/a — *Mete los platos **sucios** en el lavaplatos.*

lleno/a ▸◂ vacío/a — *La nevera está casi **vacía**. No sé qué vamos a cenar hoy.*

grande ▸◂ pequeño/a — *Dame la sartén **grande**. Voy a freír el pescado.*

Verbos

poner ▸◂ quitar — *Antes de comer hay que **poner** la mesa.*

recoger — *Yo **recojo** la mesa y tú friegas los platos, ¿vale?*

fregar — *Primero barro y después **friego** el suelo con agua y jabón.*

lavar — *Ayúdame a **lavar** el coche, por favor.*

limpiar — *Hoy vamos a **limpiar** el salón y mañana los baños.*

llenar ▸◂ vaciar — *Estoy **llenando** la jarra de agua.*

Las bebidas

Sustantivos

el agua (mineral
con gas / sin gas)
el zumo
el té
la infusión
la tila
el poleo
la manzanilla

la leche

el café (con leche)
el vino (de la casa)
la cerveza
la caña
el champán
el cava
el ron
la ginebra

la resaca

Adjetivos

frío ▸◂ caliente — *El café está muy **caliente** y no puedo tomármelo.*

(vino) blanco / tinto / rosado — *¿Qué **vino** prefieres?, ¿**blanco, tinto** o **rosado**?*

(vino) seco ▸◂ dulce — *El **vino** blanco **seco** es perfecto para tomar con el pescado.*

(café) cortado — *El **café cortado** tiene muy poca leche.*

(café) solo — *Después de comer siempre me tomo un **café solo**.*

borracho/a — *Ayer Eduardo estaba **borracho** y hoy tiene resaca.*

Verbos

beber	*Se **bebió** toda el agua de la jarra.*
tomar (algo)	*¿Tienes hambre? ¿Quieres **tomar algo**?*

Los tipos de alimentos

Sustantivos

LA CARNE
la ternera
el cordero
el cerdo
la costilla
el solomillo
la chuleta
el filete

EL POLLO
el muslo
la pechuga

los huevos
la clara
la yema
la cáscara

LOS EMBUTIDOS
el chorizo
el salchichón
el lomo
el jamón

EL PESCADO
la sardina
el salmón
la merluza
el boquerón
el atún

EL MARISCO
la gamba
el calamar

LAS LEGUMBRES
las lentejas
las judías (blancas)
los garbanzos

LAS VERDURAS
la lechuga
el tomate
la cebolla
el ajo
el perejil
la zanahoria
las patatas
la berenjena
el calabacín
las espinacas
las judías (verdes)
los guisantes

LA FRUTA
la naranja
el limón
la manzana
la pera
el kiwi
la cereza
la piña
el plátano
el melón
la sandía

LOS CONDIMENTOS
el aceite
el vinagre

la sal		el arroz	
la pimienta		la pasta	
		el pan	
las especias		la harina	
LOS LÁCTEOS		la mermelada	
la leche		el chocolate	
el yogur		la miel	
la mantequilla		las galletas	
≈ la margarina		los pasteles	
la nata		la tarta	
el queso		el bizcocho	
		la magdalena	

Adjetivos

caducado/a	*No tomes ese yogur, está **caducado**.*
aliñado/a	*¿La ensalada está **aliñada**?*
frito/a	*Me encantan las patatas **fritas**.*
asado/a	*De segundo, hay pollo **asado** con ensalada.*
cocido/a (al vapor)	*Es más sano cocinar las verduras **al vapor**.*
hecho/a (a la plancha)	*Prefiero la merluza **a la plancha** porque estoy a dieta.*
crudo/a	*Este filete está **crudo**. A mí me gusta más hecho.*
(poco / muy) hecho/a	*¿Cómo te gusta la carne?, ¿**muy hecha** o **poco hecha**?*
en su punto	*La carne me gusta **en su punto**: ni cruda ni muy hecha.*
(leche) entera	*Mi madre prefiere el sabor de la **leche entera**.*
(leche) semidesnatada	*La **leche semidesnatada** es menos ligera que la desnatada.*
(leche) desnatada	*Si no quieres engordar, toma **leche desnatada**.*
(yogur) natural / desnatado	*El **yogur natural** no tiene fruta.*
(queso) fresco	*No me gusta el **queso fresco**. Es blando y no tiene sabor.*

Verbos

cocinar	*No te preocupes, Marta. Hoy **cocino** yo.*
freír	*Necesito más aceite para **freír** las patatas.*
asar	*Ese horno es muy bueno y **asa** muy bien los alimentos.*
cocer ≈ hervir	***Hierve** los huevos primero y después haz la ensalada.*
condimentar	*Siempre uso muchas especias para **condimentar** la comida.*
aliñar	*Mientras tú pones la mesa, yo **aliño** la ensalada.*

En el restaurante y en el bar

Sustantivos

la carta
el menú
la especialidad
el/la camarero/a
el/la cocinero/a
la propina
las tapas
el aperitivo
las aceitunas

la barra

LOS PLATOS
la paella
la sopa
la tortilla
la ensalada
la carne
el pescado

Adjetivos

vegetariano/a	*En Madrid no hay muchos restaurantes **vegetarianos**.*
casero/a	*En ese bar hay comida **casera**, como la que hace mi madre.*
típico/a	*¿Cuál es el plato **típico** de México?*
(comida) japonesa / andaluza / internacional	*¿Has probado alguna vez la **comida japonesa**?*
(plato) precocinado	*Soy práctico. Utilizo **platos precocinados**.*
(alimento) congelado ▸◂ fresco	*Compro más pescado **congelado** que **fresco**.*

Verbos

pedir (la cuenta)	*Maite, **pide la cuenta** al camarero, por favor.*
pagar	*Como se olvidó la cartera, no pudo **pagar** la cena.*
dejar (propina)	*En España no es obligatorio **dejar propina** al camarero.*
reservar (mesa)	*Buenas noches, quería **reservar una mesa** para esta noche.*
compartir	*¿**Compartimos** una ensalada? Es que no tengo casi hambre.*

ACTIVIDADES

1 Tacha la **palabra** que no pertenece a la serie.

1	desayuno	aliñar	zumo	café
2	hervir	clara	huevo	chorizo
3	horno	tinto	resaca	seco
4	sartén	patatas	postre	freír

2 Agrupa de cuatro en cuatro las siguientes palabras. Fíjate en el ejemplo.

aceite infusión carne vinagre embutidos poleo chorizo ensalada
solomillo manzanilla jamón filete lechuga salchichón tila chuleta

huevo → clara yema cáscara

1 ....
2 ....
3 ....
4 ....

3 Aquí hay dos ingredientes que no necesitas para hacer una paella. ¿Cuáles son?

harina	arroz	carne de cerdo
pollo	**PAELLA**	calamares
gambas	tomate	margarina

La educación y la enseñanza 6

PALABRA POR PALABRA

La clase

Sustantivos

el/la profesor/a
≈ el/la maestro/a
el/la director/a
el/la estudiante
≈ el/la alumno/a
el/la compañero/a (del grupo)

el libro
el índice
el tema
la unidad
el capítulo
la página

la actividad
el ejercicio

el trabajo
los deberes
los apuntes

el diccionario
la enciclopedia

la pregunta
▸◂ la respuesta
la explicación

el debate
≈ la discusión

la conversación
la conferencia

la comprensión
la expresión
la memoria

la duda
el error
≈ la equivocación
el aula
≈ la clase

la pizarra
la tiza
el borrador

la carpeta
el cuaderno
la hoja (de papel)

el folio

el bolígrafo
el lápiz
el sacapuntas
la goma
el ordenador

Adjetivos

individual — *Prefiero las actividades **individuales**, no en grupo.*

oral ▸◂ escrito/a — *¿El examen es **oral** o **escrito**?*

estudioso/a	*Marta es más **estudiosa** que su hermano.*
atento/a	*Ana no entiende nada porque no está **atenta** en clase.*
reciclado/a	*En la escuela usamos papel **reciclado**.*

Verbos

pensar	***Piensa** bien la respuesta y después escríbela.*
recordar ▸◂ olvidar	*¿**Has olvidado** lo que aprendiste en clase el curso pasado?*
enseñar	*Mi madre es profesora y **enseña** español en la universidad.*
aprender	*Estoy **aprendiendo** mucho con este profesor.*
estudiar	*¿Ya has terminado de **estudiar**?*
preguntar ▸◂ contestar	*Juan **pregunta** mucho en clase.*
consultar	*Si no sabes qué significa, **consulta** el diccionario.*
entender ≈ comprender	*Si no lo **has entendido**, te lo explico otra vez.*
saber	*¿**Sabes** dónde nació Picasso?*
conocer	*¿**Conoces** Barcelona?*
leer	*A mi hermana le gusta mucho **leer** poesía.*
escribir	*¿Sabes? Javier está **escribiendo** una novela.*
escuchar	***Escucha** lo que dice el profesor.*
hablar	*Para **hablar** bien un idioma, hay que practicar mucho.*
explicar	*Esta profesora **explica** muy bien. Entiendo todo lo que dice.*
comentar	*Después de leer, siempre **comentamos** los textos en clase.*

preparar	*Este fin de semana tengo que* ***preparar*** *el trabajo.*
practicar	*Estudia mucho inglés pero no* ***practica*** *nada.*
comparar	***Compara*** *estos dos libros y dime cuál te parece más fácil.*
subrayar	*Cuando estudio* ***subrayo*** *las palabras más importantes.*
completar	*Busca estas palabras en el diccionario y* ***completa*** *el texto.*
elegir	*Tienes que* ***elegir*** *la respuesta correcta.*
repasar	*Hoy tengo que* ***repasar*** *porque mañana es el examen.*
repetir	*¿Puedes* ***repetir****, por favor?*
equivocarse	*La respuesta no es correcta. Me* ***he equivocado****.*
corregir	*La profesora* ***corrige*** *los exámenes.*
borrar	*Esa palabra no se escribe así.* ***Bórrala*** *y escríbela otra vez.*

El sistema educativo

Sustantivos

la enseñanza
la educación
el curso
la asignatura

la guardería
la escuela
el colegio
la academia
el instituto

la universidad
la facultad
el campus

la biblioteca
la secretaría
la administración

el graduado escolar
el bachillerato
la carrera
el grado
el máster
el doctorado
el/la doctor/a

el examen
el test
la nota

el diploma
el certificado
el título

la beca
la matrícula

la ficha		el programa	
el horario		los créditos	

Adjetivos

bilingüe	*Ana habla inglés porque estudió en un colegio* ***bilingüe****.*
oficial	*Necesito el certificado* ***oficial*** *para matricularme.*
infantil	*Mi hijo tiene tres años y ya va a la escuela* ***infantil****.*
parcial	*Mañana tengo el examen* ***parcial*** *de francés.*
final	*¿Sabes ya cuál es tu nota* ***final****?*

Verbos

matricularse	*Me* ***he matriculado*** *en la universidad.*
devolver (la matrícula)	*¿Te* ***han devuelto*** *el dinero de la* ***matrícula****?*
aprobar	*Estoy muy contenta porque* ***he aprobado*** *el examen.*
suspender	*María* ***ha suspendido*** *todas las asignaturas.*
repetir (curso)	*Si no apruebas todo ahora, vas a* ***repetir curso****.*
pedir / dar / ganar (una beca)	***He pedido una beca*** *para seguir estudiando.*
corregir (un examen)	*El profesor* ***ha corregido los exámenes*** *con rigor.*

El lenguaje y las lenguas

Sustantivos

la lengua		la palabra	
≈ el habla			
el idioma		la sílaba	
la voz		la letra	
la conversación		el sonido	
la opinión			

el ruido
⧓ el silencio

el vocabulario
la ortografía

el árabe
el chino
el japonés
el hindi

LAS LENGUAS DE ESPAÑA
el español
el catalán
el gallego
el vasco
≈ el euskera

LAS LENGUAS DE EUROPA
el alemán
el búlgaro
el checo
el danés
el finés
el francés
el griego
el húngaro
el inglés
el irlandés
el italiano
el neerlandés
el noruego
el polaco
el portugués
el serbocroata
el ruso
el rumano
el sueco

Adjetivos

culto/a — *Su vocabulario es muy **culto**.*

claro/a — *Me lo explicó con palabras **claras**.*

suave ⧓ fuerte — *Su voz es **suave**, muy agradable.*

Verbos

pronunciar — *¿Cómo se **pronuncia** esta palabra en español?*

deletrear — *Te **deletreo** la palabra porque es difícil.*

decir — ***Dile** a Marta que me llame.*

contar — ***Cuéntame** un cuento, papá.*

opinar — *¿Qué **opinas** de esta noticia?*

hablar ≈ charlar — ***Habla** con ella y explícaselo todo.*

ACTIVIDADES

1 ¿Dónde se hablan estas lenguas? Fíjate en el ejemplo.

el catalán → ***En Cataluña*** *(España)*

1 el polaco	6 el hindi ....
2 el finés	7 el neerlandés ....
3 el húngaro	8 el danés ....
4 el gallego	9 el griego ....
5 el euskera	10 el búlgaro ....

2 ¿Qué están haciendo en clase? Busca en las listas de la unidad y escríbelo al lado.

1 Ana: "uve, o, ce, a, be, u, ele, a, erre, i, o".	
2 Juan: "En mi opinión, es una buena idea".	
3 Eva: "¿Cómo se dice *hoja* en inglés?".	
4 José: "Había una vez una princesa que vivía...".	
5 María: "Este examen es más fácil que el primero".	

3 Escribe el verbo que falta. Haz los cambios necesarios.

decir	charlar	contar	hablar	pronunciar	comentar

1 ¿Qué .... ? No te oigo.

2 Cuando salimos del cine siempre nos tomamos algo juntos para .... la película.

3 Si tienes problemas con tu jefe, lo mejor es .... directamente con él.

4 Es una historia muy larga. Ya te la .... mañana.

5 Enhorabuena, Allison. Cada día .... mejor la erre.

6 Me encanta .... con mi mejor amiga mientras nos tomamos un café.

El trabajo

7

PALABRA POR PALABRA

La profesión y el lugar de trabajo

Sustantivos

el trabajo
≈ el empleo
el oficio
≈ la profesión
el puesto
el/la trabajador/a
el/la cliente/a
el equipo

LAS PROFESIONES
el/la médico/a
el/la dentista
el/la enfermero/a
el/la veterinario/a
el/la biólogo/a
el/la abogado/a
el/la profesor/a
el/la periodista
el/la artista
el/la músico
el/la ingeniero/a
el/la arquitecto/a

el/la empresario/a
el/la administrativo/a

el/la camarero/a

el/la dependiente/a
el ama de casa
el/la taxista

el/la mecánico/a

LOS CARGOS
el/la jefe/a
el/la dueño/a
≈ el/la propietario/a
el/la presidente/a

el/la director/a
el/la responsable (de)
el/la encargado/a
el/la empleado/a
el/la ayudante
el/la funcionario/a
el/la auxiliar
el personal

LOS LUGARES
el negocio
la tienda

la multinacional
la empresa
la oficina
el despacho
el departamento

la fábrica
el bufete
el laboratorio

Adjetivos

directivo/a — *Tiene un buen sueldo porque ocupa un cargo **directivo**.*

(profesión) liberal	*La arquitectura es una **profesión liberal**. No tienes jefe.*
mecánico/a	*Hago siempre lo mismo. Es un trabajo aburrido y **mecánico**.*

Verbos

trabajar	*¿En qué **trabajas**?*
dedicarse (a algo)	*Soy arquitecto pero **me dedico a** los negocios.*
estar (de algo)	*Es abogada pero ahora **está de** dependienta en una tienda.*
tener	*Mi padre **tiene** un restaurante.*

La actividad laboral y la búsqueda de empleo

Sustantivos

la oferta
▸◂ la demanda
el anuncio
el currículum vítae
≈ el currículo
la entrevista
el contrato
el (des)empleo

el paro
el/la parado/a

el informe
el presupuesto
el proyecto
el pedido

Adjetivos

vago/a ▸◂ trabajador/a	*Los empleados de esa fábrica son muy **trabajadores**.*

Verbos

atender	*Si quieres vender, hay que **atender** bien a los clientes.*
comprar ▸◂ vender	***Vende** electrodomésticos en un supermercado.*
buscar (trabajo)	*Sandra lleva dos años **buscando trabajo**.*
tener (experiencia)	*No **tengo experiencia**. Es la primera vez que trabajo.*
colaborar	*Es importante **colaborar** con los compañeros de trabajo.*

realizar	*Vamos a **realizar** un proyecto nuevo.*
dirigir	*Marisa **dirige** una empresa de electrodomésticos.*
clasificar ≈ archivar	*Tenemos que **clasificar** la información antes de **archivar** los documentos.*
meter ≈ introducir (datos)	*Hay que **introducir** los nuevos **datos** en el ordenador.*

Las condiciones de trabajo

Sustantivos

el contrato
la baja (laboral por maternidad)
el/la jubilado/a
el sueldo
≈ el salario
la nómina
la Seguridad Social
el horario
el sindicato
la huelga
los deberes
▸◂ los derechos

Adjetivos

fijo/a ▸◂ temporal	*Llevo cinco años en la empresa y ya tengo contrato **fijo**.*
laboral	*En España existen varios tipos de contrato **laboral**.*
(horario) fijo ▸◂ flexible	*Prefiero un trabajo con **horario flexible**.*
(día) libre	*Mañana no trabajo. Tengo el **día libre**.*
(día) laborable ▸◂ festivo	*El martes es un **día laborable** pero el domingo es **festivo**.*

Verbos

firmar	*¿**Has firmado** ya el contrato de trabajo?*
despedir	*Ya no tiene trabajo. Su jefe lo **ha despedido** esta mañana.*
perder (el trabajo)	*No sé qué voy a hacer. **He perdido el trabajo** que tenía.*
ganar	*¡Qué suerte! **Ganas** más que yo y trabajas menos horas.*

pagar	*¿Cuánto te **pagan** en esa empresa?*
subir ⧓ bajar (el sueldo)	*Con la crisis económica **los sueldos han bajado**.*
jubilarse	*Jaime ya tiene sesenta y cinco años y **se ha jubilado**.*

ACTIVIDADES

1 Completa los cinco nombres de **profesiones** y relaciona cada una con su **lugar de trabajo**.

1 el hospital 2 la tienda 3 el restaurante 4 el bufete	a b __ g __ __ o/a __ é __ i c __ /a d __ p __ n d __ __ __ t __ /a c __ m __ __ __ r o/a e n __ e __ m e __ o/a

2 Ordena lógicamente cada serie de palabras. Fíjate en el ejemplo.

buscar trabajo → *encontrar trabajo* → *firmar el contrato* → *jubilarse*

1	subir el sueldo	tener experiencia	firmar el contrato	ser temporal
2	tener trabajo	pedir la baja	esperar un hijo	tener un hijo
3	perder el trabajo	poner un anuncio	estar parado/a	encontrar otro trabajo

3 ¿**Derechos** o **deberes**? Colócalos en la columna correcta.

- no llegar tarde al trabajo
- tener vacaciones
- estar de baja
- tener un salario
- hacer huelga
- cumplir con el horario laboral
- tener contrato
- no realizar el mismo trabajo para otra empresa

derechos	deberes

El ocio

8

PALABRA POR PALABRA

El tiempo libre y el entretenimiento

Sustantivos

la actividad
el descanso
el/la voluntario/a

las compras

el viaje
el/la viajero/a
el turismo
el/la turista

la oficina (de información ≈ de turismo)

el puente
el fin (de semana)
las vacaciones

la tele(visión)
la radio
internet

Adjetivos

(des)ocupado/a ▸◂ libre	*Lo siento, ahora estoy* ***ocupado*** *y no puedo hablar contigo.*
divertido/a ▸◂ aburrido/a	*Es el programa más* ***divertido*** *de la tele.*
fantástico/a	*He visto* Tesis, *una película* ***fantástica****. Te la recomiendo.*
maravilloso/a	*Han sido unas vacaciones* ***maravillosas****. Siempre las recordaré.*
fenomenal	*Me lo he pasado* ***fenomenal*** *en tu fiesta.*
genial	*Correr es una actividad* ***genial*** *para adelgazar.*
increíble	*Pedro siempre hace viajes a sitios* ***increíbles****.*
interesante	*Siempre es* ***interesante*** *conocer nuevos países.*

Verbos

viajar	*¿Te gusta* ***viajar****? A mí me encanta.*
navegar	*Ana tiene un barco pequeño y salimos a* ***navegar*** *juntos.*

ir(se)	*Este verano **me voy** a Islandia de vacaciones.*
salir	*¿A qué hora **sale** el tren?*
quedar	*No puedo ir contigo al cine. Es que ya **he quedado** con Luis.*
celebrar	*Este fin de semana **celebramos** el cumple de Marta.*
invitar	*Quiero **invitar** a Javier a la fiesta, pero no tengo su teléfono.*
divertirse ▸◂ aburrirse	*Para no **aburrirme** mientras conduzco, escucho la radio.*
jugar	*¡Qué divertido! ¿A qué **jugáis**?*
colaborar	*Manuel **colabora** con varias ONG como voluntario.*

Las actividades al aire libre

Sustantivos

el parque (de atracciones)
el zoo(lógico)
la excursión
el picnic
el paseo
la tienda (de campaña)
el campin
la mochila
el saco (de dormir)
el deporte
el *footing*
el ejercicio
la bici(cleta)

Verbos

ir	*Este domingo **vamos** juntos al Rastro, ¿vale?*
conocer	*Todavía no **conozco** Barcelona.*
descubrir	*Me encanta viajar, **descubrir** nuevas culturas.*
pasear (por) ≈ dar (un paseo)	*¿Te apetece **dar un paseo**?*
andar	*Es mejor ir **andando**. Así paseamos un poco.*
caminar	*¿Te gusta salir a **caminar** por la ciudad?*

hacer	*¿Qué vas a* ***hacer*** *este fin de semana?*
practicar	***Practico*** *deporte desde que era una niña.*
jugar	*No le gusta* ***jugar*** *al tenis. Prefiere los deportes de equipo.*
montar (en)	*Mi hija pequeña todavía no sabe* ***montar en*** *bici.*

Las reuniones y las celebraciones

Sustantivos

la fiesta (de disfraces)
la reunión

la discoteca
el pub

el café
el restaurante

el aperitivo
las cañas

Adjetivos

divertido/a ▸◂ aburrido/a	*Sus reuniones son siempre muy* ***divertidas****.*
agradable	*¡Qué restaurante tan* ***agradable****! ¿Será muy caro?*
tranquilo/a	*En vacaciones me gusta estar* ***tranquilo****, sin hacer nada.*

Verbos

cantar	*María sabe* ***cantar*** *canciones españolas.*
bailar	*Estuve* ***bailando*** *toda la noche en la discoteca.*
ir (de)	*Este año nos* ***vamos de*** *vacaciones a Ibiza.*
tomar (algo / un café)	*Si quieres, quedamos esta tarde para* ***tomar un café****.*
cenar	*¿Qué hay para* ***cenar****? ¡Tengo mucha hambre!*
dar (una fiesta)	*Mis padres van a* ***dar una fiesta*** *para celebrar su aniversario.*

Las aficiones

Sustantivos

la afición
≈ el *hobby*
el bricolaje
la jardinería
el gimnasio
la cocina

la lectura
el libro
la revista
el cómic

el/la espectador/a
el público
el cine

la peli(cula)

la entrada
la fila
el asiento

la invitación
el programa

la música
el concierto
el baile

el flamenco

el teatro
el museo
la exposición

Adjetivos

aficionado/a	*Soy **aficionado** al arte y siempre veo todas las exposiciones.*
interesante	*Cómprala porque es una revista muy **interesante**.*
divertido/a	*Anoche fuimos al teatro y vimos una obra muy **divertida**.*
maravilloso/a	*Estoy enamorada de Juan. Es un hombre **maravilloso**.*

Verbos

coleccionar	*Yo **colecciono** cómics antiguos, ¿y tú?*
leer	*Mi hijo **lee** mucho en vacaciones.*
ver	*Hay gente que **ve** la tele mientras está cenando.*
escuchar	*Me gusta **escuchar** música cuando estoy trabajando.*
bailar	*No sé **bailar** flamenco. Es muy difícil.*

Los juegos

Sustantivos

el juego
las reglas (del juego)
la partida

el/la jugador/a
el/la compañero/a
la pareja

el concurso
el premio
la suerte

LOS JUEGOS DE MESA
la baraja
las cartas
el ajedrez
el dominó
el parchís
la oca
la ficha
el dado
el tablero
la casilla

LOS PASATIEMPOS
el crucigrama
el *sudoku*
los bolos
los dardos
el billar

LOS JUGUETES INFANTILES
el juguete
la pelota
el/la muñeco/a

LOS JUEGOS DE AZAR
la quiniela
la apuesta
la lotería
el billete
el cupón (de la ONCE)

el casino

el videojuego
la consola
el mando
la pantalla
el disco
el rol

Adjetivos

empatado/a — *Ahora estamos* ***empatados****. Tenemos los mismos puntos.*

jugador/a — *Raúl es muy* ***jugador****. Compra lotería cada semana.*

Verbos

jugar (a(l) / con) — *Me encanta* ***jugar al*** *parchís con la familia.*

ganar ▸◂ perder — *En el juego hay que saber* ***ganar*** *y* ***perder****.*

acertar	*Si **aciertas** el número, ganas.*
empatar	*Los dos equipos **empataron** a cero.*
saltar	*Tienes que mover tu ficha y **saltar** una casilla.*
comer	*Has perdido porque te **he comido** todas las fichas.*

ACTIVIDADES

1 Coloca las siguientes **palabras** en la casilla correcta y completa las que faltan. Fíjate en el ejemplo.

juego viajar jugador invitación viaje
lectura empatar viajero invitar juguete

sustantivo	adjetivo	verbo
la diversión	*divertido*	*divertirse*
la		
el/ /el /el		
la /el		
el /el		
el		

2 Completa las frases con **jugar**, **practicar** o **hacer**.

1 Mi marido .... al tenis todos los miércoles.
2 Juan, ¿por qué no .... algún deporte? Es muy bueno para la salud.
3 Cuando estoy en el gimnasio, ... mucho ejercicio.
4 Mi madre .... a las cartas con sus amigas.
5 Esta tarde .... el Real Madrid con el Barcelona. Va a ser un partido interesante.
6 Nosotros solo .... a la lotería en Navidad.
7 Si quieres ser un gran guitarrista, tienes que .... muchas horas al día.
8 Mis hijos .... al baloncesto desde los diez años.

3 ¿Qué tres cosas necesitas para...?

Jugar al parchís:

Ir de excursión:

Jugar al videojuego:

El deporte

9

PALABRA POR PALABRA

La actividad deportiva

Sustantivos

el deporte
el/la deportista
el equipo
el/la jugador/a
el/la ganador/a
▸◂ el/la perdedor/a

el premio
el partido
la carrera
la vuelta (ciclista)

el ejercicio
la gimnasia
el/la gimnasta
el entrenamiento
el/la entrenador/a

la afición
el/la aficionado/a
el/la socio/a
el/la fan

Adjetivos

deportivo/a	*En 2009 empezó su carrera* ***deportiva****.*
igualado/a	*No sé quién ganará. El partido está muy* ***igualado****.*
(buen ▸◂ mal) resultado	*3-1 es un* ***buen resultado*** *para el equipo.*
mundial	*Es una carrera* ***mundial****.*
nacional ▸◂ internacional	*Nadal ha ganado muchos premios* ***internacionales****.*
ganador/a ▸◂ perdedor/a	*Ella es la* ***ganadora*** *del partido.*

Verbos

hacer (deporte / ejercicio)	*Para estar sano es bueno* ***hacer ejercicio*** *cada día.*
practicar	*Mi hermano* ***practica*** *muchos deportes.*
jugar	*Los martes* ***jugamos*** *al fútbol y los jueves al baloncesto.*
ganar ≈ vencer ▸◂ perder	*Cuando juego al tenis, no me gusta* ***perder****.*
empatar	*En este partido no podemos* ***empatar****. Tenemos que ganar.*

participar — *En el deporte lo importante no es ganar, es **participar**.*

Las instalaciones y el equipamiento deportivos

Sustantivos

el campo (de fútbol / de golf)
la pista (de tenis / de baloncesto)
la piscina
el gimnasio
el club (deportivo / de golf)

la estación (de esquí)
los guantes (de boxeo)

el balón
la pelota (de golf / de tenis)
la red
la raqueta
los esquíes
≈ los esquís
el casco
la bicicleta
el chándal
las zapatillas (deportivas)

Adjetivos

(piscina) cubierta — *En invierno practico la natación en **la piscina cubierta**.*

deportivo/a — *Siempre viste con ropa muy cómoda y **deportiva**.*

Verbos

salir — *Siempre **sale** a la pista para ganar.*

ponerse — *Juan, **ponte** el casco antes de montar en bici.*

Los deportes

Sustantivos

LOS DEPORTES DE EQUIPO
el fútbol
el/la futbolista
el/la árbitro/a
el gol

el baloncesto
el/la jugador/a (de baloncesto)

el balonmano
el voleibol
el béisbol
el rugby

el ciclismo
el/la ciclista

LOS DEPORTES DE COMPETICIÓN
el atletismo
el/la atleta
el motociclismo
el/la motociclista
el automovilismo
el/la automovilista
la maratón
el/la corredor/a
el tenis
el/la tenista

el boxeo
el/la boxeador/a
el golpe

el golf

LOS DEPORTES DE INVIERNO
el esquí

LOS DEPORTES ACUÁTICOS
la natación
el/la nadador/a

el senderismo

Adjetivos

atlético /a	*Este chico tiene un cuerpo muy **atlético**.*
lento/a ▸◂ rápido/a	*María nada muy **rápido**. Seguro que va a ganar la carrera.*
fuerte	*Carmen es muy **fuerte**. Es una atleta.*

Verbos

hacer	*Me quiero comprar una bici para **hacer** ciclismo.*
practicar	***Practico** la natación porque me gusta mucho el agua.*
jugar	*Es muy difícil **jugar** bien al baloncesto.*
defender(se)	*Es un buen boxeador. **Se defiende** muy bien.*
correr	*Miguel sale a **correr** todos los días.*
saltar	*Cuando practicas atletismo, tienes que **saltar** y correr.*
nadar	*Ya está abierta la piscina de verano y podemos ir a **nadar**.*
esquiar	*Si nieva este fin de semana, podemos ir a **esquiar**.*

ACTIVIDADES

1 Tacha en cada serie **la palabra** que no pertenezca.

1 fútbol	pista	árbitro	balón
2 tenis	red	pelota	casco
3 esquí	estación	nieve	partido
4 atletismo	correr	jugar	maratón

2 Busca en las listas de la unidad **un deporte que se practica**...

1 en el agua. ....
2 con guantes. ....
3 andando por el campo o la montaña. ....
4 con una pelota blanca muy pequeña. ....
5 con una pelota y sin porteros. ....

3 Relaciona estas **palabras** con su definición.

1 maratón	a Deporte que se practica con una bicicleta.
2 ciclismo	b Persona que practica el atletismo.
3 chándal	c En atletismo, carrera de resistencia que consiste en correr una distancia de 42 kilómetros y 195 metros.
4 atleta	d Instrumento que se usa en algunos juegos para golpear la pelota.
5 raqueta	e Prenda de vestir deportiva, formada por un pantalón largo y una chaqueta de mangas largas.

4 Completa con los siguientes verbos. Haz los cambios necesarios.

ponerse participar empatar jugar ganar practicar salir correr saltar

1 Mi padre está en forma porque .... mucho deporte.
2 Ayer nuestro equipo .... al campo con ganas de ganar la final del campeonato.
3 ¡Qué mala suerte! En el último minuto el equipo contrario .... el partido.
4 Mónica, ... el bañador, que vamos a ir a la piscina.
5 En mi tiempo libre suelo .... al tenis con mi hermano.
6 Después de .... hay que estirar muy bien cada músculo.
7 Cuando era más pequeño no me gustaba perder. Siempre quería ....
8 Los jugadores de baloncesto tienen que .... para poder encestar el balón.
9 Este año nuestro equipo .... en varias competiciones internacionales.

La información y los medios de comunicación

10

PALABRA POR PALABRA

La información y la comunicación

Sustantivos

la información	el mensaje
la noticia	≈ el recado
el comentario	
la opinión	el contacto
	la comunicación
la fuente	la pregunta
	▸◂ la respuesta

Adjetivos

(bien ▸◂ mal) informado/a	*Luis lee el periódico cada día, para estar* ***bien informado****.*
escrito/a	*Prefiero escuchar la radio a la comunicación* ***escrita****.*
sorprendente	*Es una noticia* ***sorprendente****. No sé si creerla.*

Verbos

informar	*El Telediario* ***informa*** *de las últimas noticias.*
dar (una/la noticia)	*El periodista acaba de* ***dar la noticia****.*
dar / tener (información / una opinión)	*Todavía no* ***tenemos*** *toda* ***la información****. Hay que esperar.*
mantenerse (bien ▸◂ mal informado/a)	*Si lees la prensa,* ***te mantienes*** *bien informado.*
preguntar ▸◂ responder ≈ contestar	*Los periodistas siempre* ***preguntan*** *mucho a los políticos.*
dar ▸◂ recibir	***Recibió*** *la noticia cuando llegó a España.*
hacer (una pregunta / un comentario)	*El presidente no* ***hizo*** *ningún* ***comentario*** *sobre la noticia.*

La radio y la televisión

Sustantivos

el programa
la cadena
la publicidad
el anuncio
el canal

LA TELEVISIÓN
la tele
≈ el televisor
el/la presentador/a
la película
la serie
el episodio
el capítulo
el culebrón
el concurso
el debate
el documental
el telediario
≈ el informativo
la telebasura

LA RADIO
el/la locutor/a
▸◂ el/la oyente
el estudio
la emisora

Adjetivos

informativo/a — *La radio es el medio **informativo** que más me gusta.*

privado ▸◂ público — *Ese canal de televisión no es del estado, es **privado**.*

Verbos

anunciar(se) — ***Anunciarse** en la televisión es muy caro.*

cambiar (de) — ***Cambia** de cadena. Quiero ver otro programa.*

encender ▸◂ apagar — ***Apaga** la radio, que vamos a estudiar y me molesta.*

poner ▸◂ quitar — *¿**Ponemos** la tele? A las tres empieza el telediario.*

subir ▸◂ bajar — *¿Puedes **subir** un poco la radio? No oigo nada.*

LA TELEVISIÓN

ver — *Los fines de semana **veo** mucho la tele.*

poner — *¿Qué **ponen** hoy en la tele?*

grabar — *Voy a **grabar** ese programa para verlo más tarde.*

conectar	***Conecta*** *el televisor, que está desenchufado.*
cambiar (de)	*Normalmente, cuando no me gusta un programa* ***cambio de*** *canal.*

LA RADIO

escuchar ≈ oír	*Maite* ***escucha*** *la radio cada mañana.*

La información y la comunicación escritas

Sustantivos

LA PRENSA
el periodismo
el periódico
≈ el diario
el suplemento
la revista
el/la periodista
el/la redactor/a
la agencia (de prensa)
el quiosco (de prensa)

EL PERIÓDICO
el artículo (de opinión)
la sección
la noticia
la entrevista
el reportaje
el editorial
la cartelera
el título

EL CORREO POSTAL
la carta
el/la cartero/a
la postal
el buzón
el telegrama
el fax
el paquete
el sobre
el sello
el papel
la firma
el/la remitente
el saludo
▸◂ la despedida
la posdata
el/la destinatario/a
el apartado (de correos)

Adjetivos

actual	*En esa revista siempre hablan de temas muy* ***actuales****.*
(carta) formal ▸◂ personal	*Son amigos, por eso prefiere mandarle una* ***carta personal****.*
postal	*Te mando los documentos por correo* ***postal****.*

LA PRENSA

cultural	*Lo leí ayer, en el suplemento **cultural** del periódico.*
nacional ►◄ internacional	*Han publicado la información en la prensa **nacional**.*

Verbos

escribir	*Jaime le **ha escrito** una postal a su hermana desde Lisboa.*
redactar	*El periodista está **redactando** la noticia para su periódico.*
publicar	*¿Cuándo **publican** tu artículo en esa revista? Quiero leerlo.*
corregir	*Antes de publicar un texto hay que **corregirlo**.*
abrir ►◄ cerrar	***Abre** su carta y léela. Quiero saber qué dice.*
enviar ≈ mandar ►◄ recibir	***Has recibido** una carta esta mañana. Está en tu mesa.*
echar	*Si sales, por favor, **échame** esta carta al buzón.*
repartir	*El cartero **reparte** las cartas en cada casa.*
contestar ≈ responder	*Todavía no he podido **contestar** su carta. No tengo tiempo.*

La comunicación telefónica

Sustantivos

el teléfono
el móvil
el número (de teléfono)
el teléfono (fijo) ►◄ móvil
la llamada
la conversación
la tarjeta

el mensaje ≈ el recado

la cabina

la línea
el ADSL
el servicio
el contestador (automático)
el buzón de voz
el prefijo
la extensión
la batería
el saldo
el recibo
la compañía
la conexión

la guía (telefónica) las páginas (amarillas)

Adjetivos

telefónico/a	*Esa compañía **telefónica** da buenos servicios a sus clientes.*
público/a	*¿Sabe dónde hay un teléfono **público** por aquí cerca?*
nacional ▸◂ internacional	*Las llamadas **nacionales** de fijo a móvil son gratis.*
ocupado/a	*Le llamo pero está **ocupado**. Estará hablando con alguien.*
apagado/a ≈ desconectado/a	*No puedo hablar con Pedro. Tiene el móvil **apagado**.*

Verbos

llamar (por teléfono)	*Si puedo, esta tarde lo **llamo por teléfono**.*
dejar (un mensaje / un recado)	*¿Quieres **dejarle** algún **recado**?*
contratar	*Acabo de **contratar** una línea telefónica para la nueva casa.*
marcar	*Si quiere hablar con Información, **marque** el cinco.*
(des)colgar	*Cuando no quiero recibir llamadas, **descuelgo** el teléfono.*
pasar (una llamada)	*Sr. Gomis, es su hija, ¿le **paso la llamada**?*
contestar (una llamada)	***Contesta** tú al teléfono, por favor. Yo estoy en la ducha.*
ponerse (una llamada)	*¿Se puede **poner** Maite, por favor? Soy Susana.*
hacer (una llamada)	*A las siete tengo que **hacer una llamada** importante.*
devolver (una llamada)	*Pedro nunca me **devuelve las llamadas**. Es un maleducado.*
recibir (una llamada)	*Esta mañana **recibió la llamada** de su hijo.*
desviar (una llamada)	***He desviado** todas **las llamadas** porque no estoy en casa.*
estar (comunicando)	*He llamado a Rosana varias veces pero siempre **está comunicando**.*

La comunicación por internet

Sustantivos

la red
internet
la dirección (de internet)
la (página) web
el navegador
el buscador
la conexión
el enlace

el correo (electrónico)
la cuenta
los datos
la arroba
el guion (bajo)
el punto
el buzón

el mensaje

el mensaje (adjunto)
el archivo
el documento
la copia (oculta)
la imagen
la contraseña
el/la usuario/a
el nombre (de usuario)
el menú
el (doble) *clic*
el virus
el programa (antivirus)
el foro
el chat
la lista (de distribución)
la línea (ADSL)

Adjetivos

electrónico/a — *No tengo su correo* ***electrónico****, lo siento.*

adjunto/a — *No puedo abrir el documento* ***adjunto*** *que me enviaste.*

derecho/a ⧓ izquierdo/a — *Pulsa primero el botón* ***derecho*** *del ratón.*

(red) social — *A Martín no le gusta utilizar* ***redes sociales****.*

Verbos

(des)conectar(se) — *No puedo* ***conectarme*** *a internet. No sé por qué.*

navegar — *Si* ***navegas*** *por internet, puedes encontrar buenas ofertas.*

mandar — ***Manda*** *la información por correo electrónico. Es más fácil.*

(re)enviar — *Le* ***he reenviado*** *tu mensaje a Elena. ¿Te parece bien?*

contestar	*Es muy desorganizado. Nunca* ***contesta*** *mis correos.*
adjuntar	*Con este correo te* ***adjunto*** *el documento que me pedías.*
imprimir	*No tengo impresora y no puedo* ***imprimir*** *las entradas.*
descargar(se)	*Antes de instalar el programa,* ***descárgatelo*** *de internet.*
bajar(se) ▸◂ subir	*Acabo de* ***subir*** *unos archivos a internet.*
copiar	*¿Has* ***copiado*** *ya los archivos en tu ordenador?*
consultar	*He* ***consultado*** *varias páginas en internet.*
abrir ▸◂ cerrar	***Cierra*** *todos los archivos antes de apagar el ordenador.*
pulsar	***Pulsa*** enter *y después* Alt.
chatear	*Prefiero* ***chatear*** *a hablar por el móvil. Es más divertido.*
colgar	*Acabo de* ***colgar*** *en el blog toda la información que faltaba.*

ACTIVIDADES

1 ¿Cómo se dice en español? Búscalo en las listas de la unidad y escríbelo.

1 Partes de un periódico.

2 Lugar para dejar las cartas.

3 @

4 Caseta en la calle para comprar el periódico.

5 El dinero que tengo en la tarjeta para llamar por teléfono.

6 La revista especial que dan con el periódico.

2 Sustituye lo que está en **negrita** por alguna de estas expresiones. Fíjate en el ejemplo. Haz los cambios necesarios.

hablar con   responder   llamar   querer hablar con ella   estar

***Contesta tú al** teléfono, por favor. Yo estoy en la ducha.*
*COGER → **Coge tú el** teléfono, por favor.*

1 Pedro nunca me **devuelve** las llamadas. Es un maleducado.
....
2 Esta mañana **ha recibido la llamada de** su hijo.
....
3 ¿**Se puede poner** Maite, por favor? Soy Susana.
....
4 ¿Me dejas tu móvil? Tengo que **hacer una llamada**.
....
5 Sr. Gomis, es su hija, ¿**le paso la llamada**?
....

3 Ordena lógicamente los **verbos** de cada serie.

1 recibir	mandar	escribir
2 firmar	despedirse	saludar
3 corregir	publicar	redactar
4 contestar	leer	enviar

4 Los siguientes verbos tienen más de un significado en español. Completa las frases y haz los cambios necesarios.

subir   colgar   descargar   navegar   grabar

1 Ana, ... ya el teléfono, por favor, que tienes que ponerte a estudiar.
2 Miriam, ayúdame a .... la ropa en el armario. Así, terminamos antes.
3 Mi novio quiere .... una pulsera con mi nombre.
4 .... el programa de radio. Así lo puedo escuchar desde cualquier sitio.
5 Ya .... las notas del último examen y podemos consultarlas por internet.
6 Javier se pasa horas .... en internet.
7 Los precios de los ordenadores .... mucho en estos últimos años.
8 En verano, a mi familia y a mí nos encanta .... por el Mediterráneo.
9 Pablo trabaja en el mercado. .... los camiones de frutas y verduras.
10 Estoy .... un programa de internet y ahora no puedo apagar el ordenador.

La vivienda

11

PALABRA POR PALABRA

Las características de la vivienda

Sustantivos

el alquiler
la compra
▸◂ la venta
la hipoteca
el/la comprador/a
el/la propietario/a
≈ el/la dueño/a
el/la casero/a

LOS TIPOS DE VIVIENDA
el edificio
el bloque (de pisos / apartamentos)
la casa
el chalé
el piso
el apartamento
el estudio

EL EXTERIOR
el tejado
la terraza
el balcón
el jardín
el garaje

EL INTERIOR
el suelo
el techo
la pared
la ventana
la puerta
el pasillo
la habitación
≈ el cuarto
el dormitorio
el salón
≈ la sala de estar
la cocina
el (cuarto de) baño

LAS PERSONAS
la comunidad (de propietarios)
el/la portero/a
el/la administrador/a

LOS LUGARES Y SERVICIOS COMUNES
el portal
el portero automático
el recibo (de la luz, del gas)
los gastos (comunes de comunidad)
el ascensor
el buzón
la escalera (de incendios)
la calefacción
la salida (de emergencia)

Adjetivos

sin amueblar
≈ vacío/a
▸◂ amueblado/a — *Prefiero alquilar un piso **amueblado**.*

(calefacción) central ▸◂ individual	*¿El piso tiene **calefacción central**?*
viejo/a ▸◂ nuevo/a	*El piso está en un edificio **nuevo**, muy moderno.*
(de) segunda mano	*Los pisos **de segunda mano** son más baratos.*
antiguo/a ▸◂ moderno/a	*Hemos alquilado una casa **antigua**, muy bonita.*
sencillo/a ▸◂ lujoso/a	*No es un piso **lujoso**, pero es cómodo.*
grande ▸◂ pequeño/a	*Busco un piso más **grande**, con tres dormitorios.*
exterior ▸◂ interior	*Prefiero vivir en un piso **interior**, para no ver la calle.*
luminoso/a ≈ soleado/a ▸◂ oscuro/a	*Es un piso exterior, muy **luminoso**.*
céntrico/a	*Es un apartamento **céntrico**, al lado de la Puerta del Sol.*
(bien ▸◂ mal) comunicado/a	*Su piso no es céntrico, pero está **bien comunicado**.*
(bien ▸◂ mal) conservado/a	*¡Qué **mal conservado** está ese edificio!*
tranquilo/a	*El apartamento está en una calle **tranquila**, sin ruidos.*
(piso) primero ≈ primer (piso)	*Vivo en el **primer** piso.*
(piso) segundo	*Su casa está en el **segundo** piso.*
(piso) tercero ≈ tercer (piso)	*Han alquilado el estudio que hay en el **piso tercero**.*
(piso) cuarto	*Vivo en el **cuarto piso**.*
(piso) quinto	*Se alquila el **quinto**, justo encima del mío.*
(piso) sexto	*María vive en el **sexto** A y yo en el B.*
(piso) séptimo	*Sube en ascensor. Estoy en el **séptimo piso**.*
(piso) octavo	*Ana está en el balcón del **octavo piso**.*

(piso) noveno	*¿Vas a subir al* ***noveno*** *por la escalera?*
(piso) décimo	*El último piso de mi edificio es el* ***décimo****.*

Verbos

buscar	***Busco*** *un apartamento para alquilar.*
alquilar	*Es estudiante y quiere* ***alquilar*** *una habitación.*
comprarse	*Daniel* ***se ha comprado*** *un apartamento en Mallorca.*
vender	***Se vende*** *piso amueblado en el centro de Barcelona.*
vivir	***Vivo*** *en la calle Almagro, 13, ¿y tú?*
compartir	***Comparto*** *el piso con otros estudiantes. Así es más barato.*
cambiarse	*No quiero* ***cambiarme*** *de piso. Aquí estoy muy cómoda.*
ir(se) a vivir (a)	*Me* ***voy a ir a vivir a*** *Roma, con mi novio.*
pagar	***Paga*** *el alquiler todos los meses.*
tener	*El piso* ***tiene*** *cuatro dormitorios. Es muy grande.*
ser	*Me encanta tu casa porque* ***es*** *muy soleada.*
estar	*Su piso* ***está*** *cerca del metro.*

Los muebles y los equipamientos

Sustantivos

la mudanza

la mesa
la mesilla (de noche)
la silla
el sillón
el sofá
el sofá cama

la cama
la litera
el colchón
la almohada
la sábana
la manta
la colcha
la cómoda
el armario

la estantería
el lavabo
la bañera

LOS MATERIALES
la madera
la piedra
el plástico
el cristal
el metal

la lámpara
la alfombra
la cortina
la persiana
el cuadro
el póster
el espejo
el florero

LOS ELECTRODOMÉSTICOS
la lavadora
el lavaplatos
≈ el lavavajillas
la nevera
≈ el frigorífico
el congelador
la cocina (de gas)
el horno
el microondas
la cafetera
el aire (acondicionado)

LOS APARATOS
el teléfono
la televisión
el equipo (de música)

Adjetivos

bonito/a	*¡Qué cuadro más **bonito**! Lo voy a poner en el salón.*
estropeado/a	*La lavadora está **estropeada**. No funciona.*

Verbos

traer	*Mañana **traen** el sofá nuevo para el salón.*
llevar	***Lleva** la ropa a la habitación y cuélgala en el armario.*
mover	*No **muevas** la mesa. Es de cristal y se puede romper.*
decorar	*Me encanta comprar muebles nuevos para **decorar** la casa.*
colgar	*¿Me ayudas a **colgar** esta lámpara en el techo?*
encender ▸◂ apagar	*He **apagado** ya el horno. La comida está hecha.*
poner ▸◂ quitar	***Quita** la tele. Quiero dormir un poco.*
llenar ▸◂ vaciar	*Tenemos que **vaciar** el armario para limpiarlo bien.*

programar	*Hay que **programar** el aire acondicionado.*
(des)enchufar	*Antes de irnos de vacaciones, **desenchufamos** la nevera.*
funcionar	*El lavavajillas **funciona** perfectamente.*
abrir ▸◂ cerrar	***Cierra** la ventana, que hace mucho frío.*
bajar ▸◂ subir	*Voy a **bajar** la persiana de mi habitación, así duermo mejor.*

Las acciones y las actividades domésticas

Sustantivos

la fontanería
la carpintería
la albañilería

la escoba
el cubo

el material (de construcción)
el cemento
el ladrillo

Adjetivos

limpio/a ▸◂ sucio/a	*¡Qué **limpia** tienes la cocina!*
seco/a ▸◂ mojado/a	*Acabo de fregar el suelo y está **mojado**.*
húmedo/a	*Tu camisa está **húmeda** todavía. No te la pongas.*

Verbos

construir	*Están **construyendo** muchos pisos por aquí cerca.*
amueblar	*Ya he comprado los sofás y la mesa para **amueblar** el salón.*
(des)hacer (la cama)	*Mi hijo nunca **hace su cama**. Es un desastre.*
hacer (la compra)	*Tengo que ir al mercado para **hacer la compra**.*
limpiar	*¿Me ayudas a **limpiar** el salón? Hoy vienen amigos a cenar.*
fregar (el suelo / los platos)	*Vamos a barrer primero y luego **fregamos el suelo**.*

barrer	*El suelo está muy sucio y hay que* ***barrerlo*** *otra vez.*
pasar (el aspirador)	*No me gusta nada* ***pasar el aspirador****. Hace mucho ruido.*
sacar (la basura)	*Le he dicho a Miguel que* ***saque la basura*** *esta noche.*
poner ▸◂ quitar (la mesa)	*Después de comer* ***quitamos la mesa*** *y fregamos los platos.*
lavar	*¿Tú siempre* ***lavas*** *la ropa en la lavadora?*
tender ▸◂ recoger (la ropa)	***He tendido*** *tus pantalones porque están mojados todavía.*
secar ▸◂ mojar	***Moja*** *un poco los platos. Así se lavan mejor después.*
planchar	*Odio* ***planchar*** *la ropa.*

ACTIVIDADES

1 Busca en las listas de la unidad la palabra que corresponde a cada definición.

PALABRA	DEFINICIÓN
1	Uso, durante cierto tiempo, de algo que es propiedad ajena, a cambio del pago de una cantidad de dinero fijada de antemano.
2	Persona que es dueña de una casa y que la alquila a otra.
3	Referido al tiempo atmosférico, con sol y sin nubes. Referido a un lugar, expuesto al sol.
4	Tener algo y/o usarlo en común dos o más personas.
5	Parte de una casa que está abierta o semiabierta al exterior, por encima del nivel del suelo.
6	Maltratado, deteriorado o en malas condiciones.
7	En un edificio, ventana abierta desde el suelo de la habitación, normalmente prolongada en el exterior y protegida con una barandilla.
8	Cara interior de una construcción, que constituye la superficie que cierra por arriba una habitación.
9	Cubierta o parte superior de un edificio, generalmente recubierta de tejas.

2 Busca entre estas palabras SOLO las que necesitas para...

bañera	almohada	mesa	cubo	horno	nevera
aire acondicionado	mesilla de noche	escoba	sábanas	ladrillos	sofá

1 barrer el suelo. ____________
2 no pasar calor en verano. ____________
3 hacer la cama. ____________
4 amueblar el salón. ____________
5 asar una carne con verduras. ____________

3 Cambia **una palabra** en cada frase para que sea correcta.

1 Me encanta tu casa porque es muy oscura.
____
2 Voy a cerrar la persiana de mi habitación, así entra más luz.
____
3 Acabo de fregar la ropa y está mojada.
____
4 He encendido el horno. La comida ya está hecha.
____
5 Después de comer, ponemos la mesa y servimos la comida.
____
6 He recogido otra vez tus pantalones porque están húmedos todavía.
____

4 Escribe en la columna correcta el nombre de los muebles u objetos que SOLO pueden estar en una de las siguientes habitaciones.

la alfombra	la sábana	el póster	la bañera	el microondas
la mesa	el cubo	el florero	el sofá cama	el sillón
el lavabo	la cortina	el espejo	el lavaplatos	la escoba

el salón	la cocina	el baño	el dormitorio

12 Los servicios públicos

PALABRA POR PALABRA

Los servicios postales

Sustantivos

la postal
la carta
el sobre
el sello
el código (postal)
la oficina (de correos)
el/la empleado/a (de correos)
el/la cartero/a
el buzón
el/la mensajero/a

Verbos

preparar	*Ya **he preparado** el sobre para el mensajero.*
enviar ≈ mandar	*Voy a comprar un sello y te **envío** la carta esta tarde.*
echar	*¿Todavía no **has echado** la carta en el buzón?*
recibir	*Ayer **recibí** la postal que me mandaste desde Praga.*
entregar	*El cartero **entrega** la carta al portero del edificio.*
meter ▸◂ sacar	***Mete** la carta y las fotos en un sobre más grande.*

Los servicios sociales

Sustantivos

los recursos
la ayuda
la atención
la colaboración
el/la voluntario/a
la ONG
el/la ciudadano/a
el/la psicólogo/a
el/la trabajador/a (social)
los servicios (sociales)
el paro

Adjetivos

económico/a	*Con la crisis hay menos recursos* ***económicos****.*
sanitario/a	*Recibir servicios* ***sanitarios*** *es un derecho del trabajador.*
social	*Hay que invertir más en ayudas* ***sociales****.*
político/a	*El paro es un problema económico y también* ***político****.*
internacional ▸◂ nacional	*Hay países que reciben mucha ayuda* ***internacional****.*

Verbos

ayudar	***Ayudamos*** *a las personas con menos recursos económicos.*
colaborar	*Yo* ***colaboro*** *con una ONG desde hace tres años.*
cuidar	*Esta noche voy a* ***cuidar*** *a Ana. Está enferma en el hospital.*
atender	*En la consulta del médico* ***atienden*** *muchos pacientes al día.*
recibir ▸◂ ofrecer (ayuda)	*Las ONG* ***ofrecen ayuda*** *en los países más pobres.*

Los servicios de seguridad

Sustantivos

la violencia
la comisaría
la policía
los bomberos
el/la bombero/a
el socorro
el/la ladrón/a
el/la asesino/a
el robo
la muerte
el arma

Adjetivos

ciudadano/a	*Es necesaria la ayuda* ***ciudadana*** *cuando hay problemas sociales.*
(i)legal	*Tener armas en casa puede ser* ***ilegal****.*
armado/a	*En España los policías suelen ir* ***armados****.*

Verbos

robar	*A Javier le **han robado** todo el dinero que tenía en casa.*
matar	*El asesino **mató** a la mujer con un cuchillo.*
escapar(se) ▸◂ huir	*El ladrón se **escapó** por la ventana.*
declarar	*Marisa tiene que ir a la policía para **declarar**.*

Los servicios financieros

Sustantivos

el dinero
el billete
la moneda
el euro / el dólar / la libra / el yen / el yuan
el céntimo (de euro)
el cheque
la tarjeta (de crédito)
el banco
la cuenta
el cajero
el recibo

Adjetivos

(cuenta) corriente	*He abierto una **cuenta corriente** en ese banco.*
(el cajero) automático	*Ese **cajero automático** no funciona y no puedo sacar dinero.*

Verbos

abrir ▸◂ cerrar (una cuenta)	*Voy a **abrir una cuenta** en este banco.*
meter ≈ poner ▸◂ sacar (dinero)	*Si quieres, puedes **sacar dinero** en el cajero automático.*
recibir	***Ha recibido** mucho dinero de sus padres.*
gastar	*No le gusta **gastar** dinero. Por eso nunca invita.*
devolver	*¿Cuándo me vas a **devolver** el dinero que me debes?*

ACTIVIDADES

1 Completa el cuadro. Fíjate en el ejemplo.

el recibo → receptivo/a → recibir

sustantivo	adjetivo	verbo
	muerto/a	
el/la asesino/a		
	colaborador/a	
		atender

2 Relaciona.

1 hacer
2 ofrecer
3 gastar
4 abrir
5 cuidar

a ayuda
b dinero
c una cuenta
d un enfermo
e un recibo

3 ¿A quién tienes que llamar cuando...

1 hay fuego en una casa? ______
2 te roban la cartera en la calle? ______
3 no puedes salir de un ascensor? ______
4 hay un hombre muerto en la calle? ______
5 un gatito no puede bajar de un árbol? ______
6 ha llovido mucho y tu casa está llena de agua? ______

4 Cambia una palabra en cada frase para que sea correcta. Consulta, si es necesario, las listas de la unidad.

1 En cualquier país del mundo es legal robar o matar. ______
2 Si necesitas dinero y los bancos están cerrados puedes usar la cuenta automática. ______
3 Este mes he ahorrado mucho dinero y no sé cómo voy a pagar todas las facturas. ______
4 Como me voy a vivir a Inglaterra he abierto la cuenta que tenía en Madrid. ______
5 Perdone, ¿me podría cambiar 10 euros en billetes?
6 Pablo viaja mucho porque se dedica al comercio nacional. ______
7 Es una buena noticia: el paro ha subido casi al doble en este último mes. ______
8 Le he mandado una carta muy bonita de la catedral de Burgos. ______
9 Para mandar una carta hay que comprar un sobre. ______
10 En España, los servicios corrientes que ofrecen los hospitales son muy buenos. ______

13 Las compras

PALABRA POR PALABRA

Los establecimientos, las personas y las actividades

Sustantivos

la tienda
el centro (comercial)
el supermercado
≈ el súper
el mercado

el departamento
la sección (de congelados / lácteos / bebidas)
el almacén

el escaparate
las escaleras (mecánicas)
el ascensor
el probador
el aparcamiento

el/la comprador/a
▸◂ el/la vendedor/a
el/la cliente
el/la dependiente/a

el precio
la oferta

el descuento
las rebajas
la garantía
la devolución
≈ el cambio

el catálogo

el horario

el quiosco
el estanco

la frutería
la carnicería
la pescadería
la panadería
la pastelería
la ferretería
la droguería
la papelería

el/la frutero/a
el/la carnicero/a
el/la pescadero/a

Adjetivos

barato/a ▸◂ caro/a — *Esa carnicería es muy **cara**. Vamos a otra más **barata**.*

rebajado/a — *Siempre compro productos **rebajados**, para gastar menos.*

Verbos

abrir ▸◂ cerrar — *¿A qué hora **abren** las tiendas en España?*

comprar ▸◂ vender	***He comprado** un vino muy bueno que estaba en oferta.*
pagar ▸◂ cobrar	*Señorita, por favor, ¿me **cobra**? Es que tengo prisa.*
devolver	*Si le pago con 50 euros, tiene que **devolverme** 10.*
subir ≈ aumentar ▸◂ (re)bajar	*¡Cómo **han aumentado** los precios! Es increíble.*
mirar	*Me encanta **mirar** los escaparates de las tiendas de ropa.*
elegir ≈ escoger	*Marta siempre **escoge** la ropa más cara.*

La ropa, el calzado y los complementos

Sustantivos

LA ROPA
la tela
el pantalón
≈ los pantalones
los vaqueros
la (mini)falda
el vestido
la camisa
≈ la blusa
el jersey
la chaqueta
la cazadora
el traje
el pijama

LA ROPA INTERIOR
las bragas
el calzoncillo
≈ los calzoncillos
el sujetador
las medias
los calcetines
el bañador
el biquini

EL CALZADO
los zapatos
las botas
las zapatillas
las sandalias

LOS COMPLEMENTOS
el bolso
el cinturón
el pañuelo
los guantes
la bufanda
el gorro
la gorra
el sombrero

el algodón
el lino
la lana
la seda
la fibra

las rayas
los cuadros

Adjetivos

vaquero/a	*Le he comprado unos pantalones* ***vaqueros*** *muy bonitos.*
(ropa) interior	*Necesito comprarme* ***ropa interior*** *para el viaje.*
(zapatos) planos ▸◂ de tacón	*No puedo andar con esos zapatos* ***de tacón****. Son muy altos.*
pequeño/a ▸◂ grande	*Ese pantalón te queda* ***grande****. Pruébate una talla menos.*
corto/a ▸◂ largo/a	*Para la fiesta cómprate un vestido* ***largo****. Es más elegante.*
estrecho/a ▸◂ ancho/a	*Me gustan más las faldas* ***anchas****. Son más cómodas.*

Verbos

quedar (bien ▸◂ mal)	*¿Me* ***queda bien*** *esta chaqueta?*
guardar ≈ conservar	***Conserva*** *siempre el tique de compra. Puedes necesitarlo.*
presentar (el tique)	*Para cambiar un producto tienes que* ***presentar el tique****.*
cambiar	*Tengo que* ***cambiar*** *la camisa por una talla más grande.*
devolver	*Voy a ir a la tienda para* ***devolver*** *el abrigo. Está roto.*
pasar (por caja)	***Pasen por*** *la otra* ***caja****, p or favor. Esta está cerrada.*
coser	*Este pantalón está roto. Hay que* ***coserlo****.*
probar(se)	*Me* ***he probado*** *el vestido y me queda muy bien.*

La alimentación

Sustantivos

el producto
el alimento
la comida

las vitaminas

las proteínas
la fibra

el carro
la cesta

la bolsa

LOS CORTES
el trozo
la loncha
el filete

LOS ENVASES
el paquete
el bote
la lata

el sobre
la caja
el cartón

LAS MEDIDAS
el kilo
medio (kilo)
cuarto (de kilo)
el litro
el gramo
las calorías

Adjetivos

caducado/a	*No tomes ese yogur. Está **caducado**.*
pesado/a ▸◂ ligero/a	*Es un alimento muy **ligero**, con pocas calorías.*
sano/a	*Para sentirse bien hay que llevar una dieta **sana**.*
variado/a	*En este restaurante los platos son muy **variados**.*

Verbos

cortar (en)	*El pescado se puede cortar en **filetes**.*
consumir	*Los niños **consumen** muchos productos lácteos.*
caducar	*¿Cuándo **caduca** ese cartón de leche?*
alimentarse	*Juan no **se alimenta** bien. Come siempre lo mismo.*

Los pagos y las transacciones comerciales

Sustantivos

el dinero
el billete
la moneda
el céntimo
el euro
el cambio
≈ la vuelta

la propina
la tarjeta (de crédito)
los intereses
el IVA

la caja

el cajero (automático)		el recibo	
el/la cajero/a		la oferta	
el cheque		≈ la promoción	

Adjetivos

gratuito/a — *El aparcamiento del supermercado es **gratuito**.*

rebajado/a — *¡Qué suerte! En esa tienda tienen toda la ropa **rebajada**.*

Verbos

comprar ▸◂ vender — *En las panaderías también **venden** galletas.*

pagar ▸◂ cobrar — *¿Me **cobra**, por favor? Es que tengo un poco de prisa.*

ACTIVIDADES

1 Relaciona cada **producto** con la **tienda** donde puedes comprarlo.

1 una merluza
2 una sandía
3 una botella de agua
4 unos vaqueros
5 un jabón

a el quiosco
b el centro comercial
c la droguería
d la pescadería
e la frutería

2 Elige la opción correcta.

1 La leche se vende en ______ .

a cartón o en botella	b en cartón	c en lata

2 Un producto engorda menos cuando tiene ______ .

a menos fibra	b menos calorías	c menos proteínas

3 En verano prefiero llevar ______ .

a botas	b zapatos	c sandalias

4 Cuando hay rebajas los precios ______ .

a aumentan	b tienen propina	c bajan

La salud y la higiene

14

PALABRA POR PALABRA

La salud y la enfermedad

Sustantivos

la salud
▸◂ la enfermedad

LOS SÍNTOMAS
el síntoma
el dolor (de cabeza)
la fiebre
la tos
la diarrea

LAS ENFERMEDADES
la gripe
la alergia
el cáncer

LOS ACCIDENTES
la quemadura
el golpe
la caída
el corte
la herida

Adjetivos

(sanidad / medicina) público/a ▸◂ privado/a	*Hay que defender la sanidad **pública**.*
sano/a ▸◂ enfermo/a	*Pedro está **enfermo**, con mucha fiebre.*
constipado/a ≈ resfriado/a	*Si estás **resfriado**, lo mejor es el zumo de naranja.*
cansado/a	*Estoy muy **cansado.** Necesito dormir.*
agotado/a	*Después del jugar al fútbol estoy **agotado**.*
mareado/a	*Abre la ventana, por favor. Estoy un poco **mareada**.*
estresado/a	*Tiene demasiado trabajo y está cada día más **estresado**.*

Verbos

estar (malo/a / cansado/a)	*No puede ir a la cena porque **está malo** en la cama.*
ponerse (enfermo/a)	*Cuando viajo, siempre me **pongo enferma**, no sé por qué.*

sentirse ≈ encontrarse (bien ▸◂ mal)	*No sé qué me pasa hoy, pero no* ***me encuentro bien****.*
doler	***Me duele*** *mucho la cabeza. Voy a tomar una aspirina.*
tener (fiebre / tos)	*Estoy tomando un jarabe porque todavía* ***tengo*** *mucha* ***tos****.*
romperse (una pierna)	*Álvaro* ***se rompió una pierna*** *cuando estaba esquiando.*
cortar(se)	*Ayer mi hijo* ***se cortó*** *con un cuchillo.*
hacerse (una herida)	*Se ha caído y* ***se ha hecho una herida*** *en la rodilla.*
cuidar(se)	*¡****Cuídate*** *mucho, hija!*
engordar ▸◂ adelgazar	*Laura* ***ha adelgazado*** *cinco kilos en un mes.*

La medicina, los medicamentos y la atención sanitaria

Sustantivos

la sanidad
el seguro (médico)
la baja (médica)
el/la médico/a
≈ el/la doctor/a
el/la enfermero/a
el/la paciente
el/la enfermo/a

LOS MEDICAMENTOS
la farmacia (de guardia)
la receta
la medicina
el medicamento

LAS ESPECIALIDADES
el/la dentista
el/la ginecólogo/a
el/la oculista
el/la psicólogo/a
el/la cirujano/a

LAS PRUEBAS MÉDICAS
la prueba
el análisis (de sangre / orina)

la vacuna
la pastilla
el jarabe
las gotas
el antibiótico
el supositorio
el analgésico
el alcohol
el algodón

el agua (oxigenada)
la tirita
el termómetro

la Seguridad Social
el centro (de salud)
la clínica

el hospital ....
la consulta ....
la sala (de espera) ....

las urgencias ....
la ambulancia ....

Adjetivos

diario/a	*Tengo que tomar tres pastillas* ***diarias*** *con cada comida.*
semanal	*La visita al hospital es* ***semanal****.*
mensual	*La consulta con el Dr. Gómez es* ***mensual****.*
anual	*En la oficina nos hacen una revisión médica* ***anual****.*

Verbos

ingresar	*Cuando* ***ingresó*** *en el hospital, estaba muy enferma.*
dar (el alta ▸◂ la baja médica)	*El médico le* ***ha dado el alta****. Ya puede irse a casa.*
tomar (la medicina)	*No te olvides de* ***tomar*** *mañana la pastilla con el desayuno.*
pedir (hora / cita)	*Hola, buenas tardes. Llamo para* ***pedir cita*** *con el Dr. Sáez.*
ponerse (una vacuna / el termómetro)	*Todos los años* ***me pongo la vacuna*** *contra la gripe.*
echarse (unas gotas)	*De vez en cuando* ***me echo unas gotas*** *de colirio en los ojos para calmar la irritación.*

El aseo personal

Sustantivos

la limpieza ....
el agua ....

la ducha ....
el baño ....
el lavabo ....
el váter ....
la bañera ....

la toalla ....
el champú ....
el gel ....
el jabón ....
la esponja ....
el gorro (de ducha) ....
la crema ....
la colonia ....

el perfume

el desodorante

el pelo

el cepillo

el peine

el secador (de pelo)

la espuma

la maquinilla

la cuchilla (de afeitar)

el cepillo (de dientes)

la pasta (de dientes)

Adjetivos

sucio/a

▸◂ limpio/a (pelo / piel) — *Se lava el **pelo** cada mañana. Lo tiene siempre muy **limpio**.*

graso/a — *He comprado un nuevo champú para pelo **graso**.*

sano/a — *¡Qué suerte! Tienes los dientes muy **sanos**.*

(baño / ducha) rápido/a / caliente / frío/a — *Me doy una **ducha rápida**, me visto y nos vamos, ¿vale?*

fresco/a — *Esta colonia tiene un olor muy **fresco**.*

Verbos

lavar(se) — *Me voy a **lavar** las manos.*

ducharse — *Alicia prefiere **ducharse** después de desayunar.*

bañarse — *Mi hija pequeña ya **se baña** sola.*

darse (una ducha / un baño / crema) — *Después de ducharme, **me doy crema** por todo el cuerpo.*

secar(se) — *En verano no **me seco** nunca el pelo después de bañarme.*

afeitarse — *Juan **se afeita** con maquinilla eléctrica.*

peinarse — *Tengo el pelo muy corto y no necesito **peinarme**.*

pintarse — *Carmen **se pinta** cada mañana antes de salir de casa.*

ACTIVIDADES

1 Busca en las listas de la unidad y completa el cuadro.

¿Qué te pasa cuando...?

1 ...la cabeza te da vueltas y sientes que te vas a caer.	estás ______
2 ...tienes tos y te duele la garganta, pero no tienes fiebre.	estás ______
3 ...no puedes tocar el pelo de los gatos.	tienes ______
4 ...hace mucho frío pero tú tienes mucho calor.	tienes ______
5 ...te has caído esquiando. Te duele mucho la pierna pero no te has hecho una herida.	______

2 ¿A qué **médico especialista** tienes que pedir cita si...?

1 tienen que sacarte una muela.

______

2 no ves bien y necesitas gafas.

______

3 estás embarazada.

______

4 estás muy nervioso y no puedes dormir por las noches.

______

5 tienen que quitarte un quiste.

______

3 Intercambia una palabra de la tercera fila para formar la serie correcta.

1	hospital	ingresar	pedir cita	romperse un brazo
2	centro de salud	consulta	urgencias	sala de espera
3	herida	algodón	toalla	tirita
4	ducha	esponja	agua oxigenada	jabón

15 Los viajes y el alojamiento

PALABRA POR PALABRA

Los viajes

Sustantivos

el viaje
la excursión
el turismo
el vuelo
la salida
▸◂ la llegada
el/la turista
el/la viajero/a
el billete (de ida y vuelta)
el asiento
el plano
el mapa (de carretera)
el plano (turístico)
el callejero
el GPS
la información
la oficina (de turismo)
el/la guía
el horario
la agencia (de viajes)
las vacaciones
el puente
el fin (de semana)

LOS DOCUMENTOS
el carné (de identidad)
≈ el DNI
el pasaporte
el visado

EL EQUIPAJE
la maleta
el bolso (de mano)
la bolsa (de aseo / de viaje)
la mochila

LOS DESTINOS
el lugar
≈ el destino
la ciudad
la montaña
el campo
la playa

Adjetivos

viajero/a	*Tomás es muy **viajero**. Le encanta descubrir nuevos países.*
familiar	*Siempre hacemos vacaciones **familiares**.*
cultural	*Esa agencia de viajes organiza muchas visitas **culturales**.*
turístico/a	*Las playas de La Costa del Sol son muy **turísticas**.*
caro/a ▸◂ barato/a	*Es un viaje muy **caro**. No podemos pagarlo.*
largo/a ▸◂ corto/a	*Tiene miedo al avión y no le gustan los vuelos **largos**.*

organizado/a	*Los viajes **organizados** son más cómodos pero más caros.*

Verbos

organizar	*Todavía tenemos que **organizar** nuestras vacaciones.*
comprar	*Lo mejor es **comprar** los billetes por internet.*
contratar	***Hemos contratado** un viaje en grupo para este verano.*
reservar (un billete)	*¿**Reservo** ya **los billetes** de tren? Ahora están baratos.*
anular	***Han anulado** nuestro vuelo a Berlín.*
cambiar	*Ya es muy tarde para **cambiar** los billetes.*
viajar (en avión / en barco / en tren)	*¿Qué prefieres, **viajar en avión** o **en tren**?*
salir ▸◂ llegar	***Salimos** a las cinco y **llegamos** a las siete. ¿Qué te parece?*
facturar	*Primero tenemos que **facturar** el equipaje.*
perder (la maleta)	***He perdido las maletas** en el aeropuerto.*
(des)hacer (la maleta)	*¿El vuelo sale a las seis y todavía no **has hecho la maleta**?*
consultar (un plano)	***Consulta el plano** y encontrarás la calle que buscas.*

El alojamiento

Sustantivos

el hotel (de lujo)
la habitación
la reserva
la plaza
la recepción
el/la recepcionista
el/la conserje

el hostal
la pensión
el apartamento
el campin
la tienda (de campaña)
el saco (de dormir)

Adjetivos

doble	*Quiero reservar una habitación* ***doble****, por favor.*
individual	*Solo necesito una cama* ***individual****. Viajo yo sola.*
completo/a	*Lo siento, señor. El hotel está* ***completo****.*
libre ▸◂ ocupado/a	*¿Tienen alguna habitación* ***libre*** *para mañana?*
pequeño/a ▸◂ grande	*Era un hotel* ***pequeño*** *pero muy agradable.*

Verbos

reservar ≈ hacer (una reserva)	*Necesito su DNI para* ***hacer la reserva****.*
alquilar	*Si viajas en familia es mejor* ***alquilar*** *un apartamento.*

ACTIVIDADES

1 Completa con los siguientes verbos en el tiempo correcto.

organizar salir reservar contratar llegar hacer

1 Para .... la reserva en el hotel me pidieron el número de la tarjeta de crédito.
2 ¿Todavía no .... los billetes? Pues, seguro que ahora están más caros...
3 El tren .... a las diez y .... a las doce. ¿Qué te parece?
4 Mis padres .... un viaje organizado para este verano.
5 No me gusta .... las vacaciones en el último momento. Prefiero pensar el destino con tranquilidad.

2 Lee las siguientes declaraciones. ¿Qué tipo de **viaje** hacen estas personas? Busca el **adjetivo** correcto en las listas de la unidad.

1 Ana: "Yo siempre me voy a la playa con mi marido, los niños y mis padres".	....
2 Juan: "Cada año voy a una ciudad diferente y visito todos los museos y monumentos".	....
3 Eva: "Voy a San Sebastián. Tengo entradas para el Festival de Jazz".	....
4 José: "Hago un *tour* en autobús por Italia y no tengo que preocuparme por nada".	....
5 María: "Este año me apetecen unas vacaciones en barco y he contratado un crucero por el Mediterráneo".	....

El transporte

16

PALABRA POR PALABRA

Los transportes

Sustantivos

la carretera
la autopista
el puente
el túnel
el kilómetro

el descanso

la llegada
▸◂ la salida

la sala (de llegadas / de embarque)
el/la viajero/a
el atasco

Adjetivos

corto/a ▸◂ largo/a — *Es un túnel muy **largo**: tiene más de 3 kilómetros.*

ancho/a ▸◂ estrecho/a — *Es una carretera muy **estrecha**.*

Verbos

comprar ≈ sacar — *¿Has **sacado** ya los billetes?*

pagar — *El billete se **paga** dentro del autobús.*

salir ▸◂ llegar — *Si **salimos** a las dos, **llegaremos** tarde a Aranjuez.*

viajar — *Me encanta **viajar** en coche.*

despegar ▸◂ aterrizar — *El avión **aterrizó** en Barajas a las siete en punto.*

recoger — *A las dos el autobús **recogerá** a los viajeros en el hotel.*

girar — *Si **giramos** por la primera a la derecha, llegamos antes.*

parar — *¡**Para**! ¿No ves que el semáforo está en rojo?*

descansar — *Paramos porque el conductor necesitaba **descansar**.*

coger ≈ tomar	*Si tienes prisa, **coge** el metro. Es lo más rápido.*
subir(se) ≈ bajar(se)	*Cuando **se bajó** del barco estaba muy mareada.*

El transporte por tierra

Sustantivos

el coche
el vehículo
el/la conductor/a
el peatón/a

la moto
el/la motorista
la bici(cleta)
el/la ciclista
el taxi
el/la taxista
el autobús
la línea (de metro / de autobús)
el metro

el camión
el tren
el tranvía
la gasolina
el gasoil
el depósito
la gasolinera
≈ la estación (de servicio)
la parada
la estación
el andén
la vía
el garaje
el aparcamiento

Adjetivos

pesado/a ▸◂ ligero/a	*Los camiones son vehículos **pesados**.*
lleno/a ▸◂ vacío/a	*Este tren va **lleno** de turistas.*
(inter)urbano/a	*Los autobuses **interurbanos** de Madrid son verdes.*
libre ▸◂ ocupado/a	*Mira, por ahí viene un taxi **libre**. Páralo.*

Verbos

hacer (transbordo)	*Si quieres ir en metro, tienes que **hacer transbordo** en Sol.*
esperar	*Llevo más de quince minutos **esperando** el autobús.*
salir ▸◂ llegar	***Salimos** a la una de Madrid y **llegamos** a las dos a Toledo.*

echar (gasolina)	*¿**Echamos gasolina** antes de salir de Madrid?*

La conducción

Sustantivos

el accidente
la marcha (atrás)
la dirección
(a) la derecha
▸◂ (a) la izquierda
el semáforo
el paso (de cebra / de peatones)
la calle
la avenida
la plaza
el paseo

Adjetivos

rojo	*Si el semáforo está **rojo**, hay que parar.*
verde	*Podemos continuar. El semáforo ya está **verde**.*
ámbar	*Si el semáforo está en **ámbar**, hay que reducir la velocidad.*

Verbos

arrancar	*Este coche no tiene gasolina. Por eso no **arranca**.*
circular	*Es muy difícil **circular** por una gran ciudad.*
conducir	*Sé **conducir** pero no tengo coche.*
parar	*En Aranjuez podemos **parar** para comer.*
pasar (por)	*Para llegar a Madrid, hay que **pasar por** Villalba.*
girar	*Ahora hay que **girar** a la derecha.*
aparcar	*Estoy buscando un sitio para **aparcar**.*
tener (un accidente)	*Sandra y Esteban **han tenido un accidente** con el coche.*
disminuir ▸◂ aumentar (la velocidad)	*Vas muy deprisa, Ángel. **Disminuye** un poco **la velocidad**.*

Las normas de circulación

Sustantivos

la circulación
≈ el tráfico
el carné (de conducir)
el/la policía
la multa
el cinturón (de seguridad)
el STOP
la velocidad
la señal (de tráfico)

Adjetivos

obligatorio/a — *Es **obligatorio** ponerse el cinturón de seguridad.*

prohibido/a
▸◂ permitido/a — *Está **prohibido** hablar por teléfono mientras conduces.*

Verbos

dejar — ***He dejado** el coche en el aparcamiento.*

poner (una multa) — *Ayer nos **pusieron una multa**.*

respetar — *Cuando conduces, hay que **respetar** siempre las señales.*

La mecánica y el mantenimiento del vehículo

Sustantivos

la rueda (de repuesto)
el aceite
el motor
la reparación
el seguro

Adjetivos

delantero/a ▸◂ trasero/a — *El maletero está en la parte **trasera** del coche.*

mecánico/a — *Tu coche tiene un problema **mecánico**. Llévalo al taller.*

automático/a — *En Estados Unidos casi todos los coches son **automáticos**.*

estropeado/a	*No puedo llevarte; mi coche está* ***estropeado****.*

Verbos

arreglar	*Voy a llevar el coche al taller para* ***arreglarlo****.*
revisar	*¿Podría* ***revisar*** *el motor del coche? Hace mucho ruido.*
limpiar ≈ lavar	*Me encanta* ***lavar*** *el coche los domingos.*
cambiar	*Dicen en el taller que hay que* ***cambiar*** *el aceite al coche.*

El transporte aéreo

Sustantivos

el vuelo
el avión
el aeropuerto
el helicóptero
la terminal
la tarjeta (de embarque)
el billete
la puerta (de embarque)
el/la piloto
el/la azafato/a
el asiento
la ventanilla

Adjetivos

terrestre ▸◂ marítimo/a	*El transporte* ***terrestre*** *es fundamental para el país.*
aéreo/a	*En este aeropuerto hay mucho tráfico* ***aéreo****.*

Verbos

despegar ▸◂ aterrizar	*El avión* ***aterrizó*** *sin problemas.*
facturar	*No tengo que* ***facturar*** *el equipaje.*
recoger (el equipaje / las maletas)	*Los pasajeros están esperando para* ***recoger sus maletas****.*
pasar (la aduana)	*Después de recoger las maletas hay que* ***pasar la aduana****.*

El transporte marítimo y fluvial

Sustantivos

el/la mar ....
el océano ....
el río ....
el puente ....
el barco ....
la barca ....
la piragua ....
el puerto ....
el/la marinero/a ....
el/la capitán/a ....

Adjetivos

marítimo/a — *El transporte **marítimo** es más lento que el aéreo.*

....

fluvial — *Es un río muy grande, con transporte **fluvial**.*

....

Verbos

navegar — *Me encanta salir a **navegar** en mi barco.*

....

ACTIVIDADES

1 Relaciona las palabras del recuadro con uno de los verbos.

a las señales	b una multa	c el cinturón	d un accidente
e el coche	f la ventanilla	g transbordo	h la gasolina

1 hacer ....
3 poner ....
5 subir ....
7 arrancar ....
2 tener ....
4 respetar ....
6 ponerse ....
8 echar ....

2 Elige la opción correcta.

1 No se debe pasar cuando el semáforo está ....
a) ámbar b) verde c) rojo

2 El motor de un coche está en la parte ....
a) ocupada b) delantera c) trasera

3 .... es una embarcación pequeña, estrecha y ligera, hecha generalmente de una sola pieza, que se usa en los ríos y en algunas playas.
a) Una barca b) Un barco c) Una piragua

4 En una estación de tren o de autobús hay .... donde esperan los viajeros.
a) andenes b) paradas c) terminales

La economía y la industria

17

PALABRA POR PALABRA

La economía

Sustantivos

el dinero
la economía
el/la economista
la crisis
la Bolsa
la hipoteca
la riqueza
▸◂ la pobreza

Adjetivos

económico/a	*Algunos países tienen muchos problemas **económicos**.*
rico/a ▸◂ pobre	*Los países **ricos** tendrían que ayudar a los países **pobres**.*
mundial	*Estamos viviendo una crisis económica **mundia**.*
nacional ▸◂ internacional	*La economía **nacional** está creciendo mucho.*

Verbos

pagar	*Tenemos que **pagar** nuestros impuestos.*
gastar	*Los gobiernos **gastan** mucho dinero en defensa.*
bajar ▸◂ subir	*La Bolsa **sube** o **baja** cada día.*
perder ▸◂ ganar	*Estás **perdiendo** dinero con ese negocio.*
devolver	*¿Cuándo me vas a **devolver** el dinero que te dejé?*

El comercio y la publicidad

Sustantivos

EL COMERCIO
el negocio
el mercado
la compra
▸◂ la venta
la importación
▸◂ la exportación
el descuento
el precio

la factura
≈ el recibo
la oferta
▸◂ la demanda

LA PUBLICIDAD
el márquetin
la promoción

la (tele)venta
el anuncio
el cartel
el folleto
la campaña
el catálogo
la exposición

Adjetivos

caro/a ▸◂ barato/a	*¿El coche? No me lo puedo comprar. Es muy **caro**.*
comercial	*Es un producto muy **comercial**. Se vende mucho.*
publicitario/a	*La campaña **publicitaria** ha sido un éxito.*
interior ▸◂ exterior	*España debe aumentar su comercio **exterior**.*
nacional ▸◂ internacional	*El mercado **internacional** está creciendo mucho.*

Verbos

gastar	*¿Por qué **gastas** el dinero en algo que no necesitas?*
comprar ▸◂ vender	*El secreto es **comprar** barato y vender **caro**.*
pagar (en)	*¿Puedo **pagar en** efectivo?*
deber	*Esa empresa **debe** muchos millones de euros.*
importar ▸◂ exportar	*España **exporta** fruta a toda Europa.*
pedir	*Mi hijo me **ha pedido** dinero para comprarse un coche.*
rebajar	*¿No podrías **rebajar** un poco el precio?*
tener ≈ llevar (cambio / suelto)	*Lo siento no **llevo suelto**. Tengo solo un billete de 50 euros.*
aumentar ▸◂ disminuir	*Este año las exportaciones **han aumentado** y las importaciones **han disminuido**.*

La industria

Sustantivos

la industria
la producción
la fábrica
la fabricación

el/la obrero/a
el/la trabajador/a
la materia (prima)
el producto

el sector

la agricultura
el/la agricultor/a
la ganadería
el/la ganadero/a
la pesca
el/la pescador/a
la construcción

el cultivo
la actividad

Adjetivos

industrial — *En Asia sigue creciendo la actividad **industrial**.*

Verbos

trabajar — *Los obreros **trabajan** en la fábrica.*

fabricar — *Esta empresa se dedica a **fabricar** ropa.*

producir — *¿Qué se **produce** en tu país?*

cultivar — *En Holanda **cultivan** muchos tulipanes.*

plantar — *¡Cómo ha crecido este árbol! ¿Cuándo lo **plantaste**?*

regar — *En verano hay que **regar** todos los días el césped.*

sembrar ▸◂ recoger — *El agricultor **siembra** en otoño y **recoge** en verano.*

La energía

Sustantivos

la energía
la electricidad
la contaminación

el reciclaje
la ecología
el medioambiente

Adjetivos

limpio/a — *Las energías **limpias** son mejores para el medioambiente.*

contaminado/a — *En este río no hay casi peces porque está muy **contaminado**.*

contaminante — *Han echado un líquido muy **contaminante**.*

tóxico/a — *La industria produce muchos materiales **tóxicos**.*

Verbos

contaminar — *Los coches eléctricos no **contaminan** nada.*

reciclar — ***Reciclar** la basura es una buena costumbre.*

conservar — *Para **conservar** el planeta es necesario cuidar la naturaleza.*

proteger — *Hay que **proteger** nuestro medioambiente.*

ACTIVIDADES

1 Elige una opción y completa las frases con alguna de las siguientes palabras. Haz los cambios necesarios.

1 El día 6 de julio es el concierto del grupo mejicano Maná. Han pegado (anuncio / cartel) .... por todo Madrid.
2 El día 1 de mayo es fiesta en todo el mundo. Se celebra el Día de los (trabajador / obrero) ....
3 Mi tío trabaja en el sector de la (industria / fábrica) .... química.
4 Pedro es agricultor y (plantar / cultivar) .... la tierra desde que era un niño.

2 Ordena lógicamente cada serie de palabras. Fíjate en el ejemplo.

recoger → reciclar → producir → vender

1	promoción	materia prima	producto	fabricación
2	vender	publicidad	comprar	pagar
3	regar	sembrar	vender	recoger

La ciencia y la tecnología

18

PALABRA POR PALABRA

Conceptos generales

Sustantivos

la ciencia
el estudio
el objetivo
el método
la observación
el análisis
el número
el invento
≈ el descubrimiento
el experimento

Adjetivos

científico/a — *Los antibióticos son un importante descubrimiento **científico**.*

didáctico/a — *Ana es buena profesora. Sus clases son muy **didácticas**.*

Verbos

conocer — *El objetivo de la ciencia es **conocer** mejor la naturaleza.*

estudiar — *Los científicos están **estudiando** una nueva vacuna.*

inventar — *Graham Bell **inventó** el teléfono en 1876.*

descubrir — *¿Sabes que **han descubierto** un planeta nuevo?*

Las ciencias naturales

Sustantivos

el laboratorio

LA FÍSICA
el/la físico/a
la materia
la energía
la electricidad
el estado

LA QUÍMICA
el/la químico/a
el elemento
≈ el símbolo
la fórmula

LA BIOLOGÍA
la vida
el/la biólogo/a

Adjetivos

físico/a	*La gravedad es un fenómeno* ***físico****.*
químico/a	*¿Sabes cuál es la fórmula* ***química*** *del amoniaco?*
(in)orgánico/a	*La piedra es una materia* ***inorgánica****.*
líquido/a ▸◂ sólido/a	*El agua pasa de* ***líquida*** *a* ***sólida*** *cuando la congelamos.*
gaseoso/a	*Cuando el agua* ***se evapora****, pasa a estado* ***gaseoso****.*
duro/a ▸◂ blando/a	*El hierro es un material* ***duro****, en cambio el barro es* ***blando****.*

Verbos

evaporarse	*El agua* ***se evapora*** *con el calor.*
congelar(se)	*Mira, hace tanto frío que* ***se ha congelado*** *el lago.*
nacer ▸◂ morir	*Cada día* ***nacen*** *y* ***mueren*** *muchas personas.*
crecer	*En ese desierto no pueden* ***crecer*** *las plantas.*
desarrollar(se)	*Las plantas* ***se desarrollan*** *con el agua y la luz.*

Las ciencias exactas

Sustantivos

LAS MATEMÁTICAS
el/la matemático/a
el número
la cantidad
la cifra
la suma
▸◂ la resta
la multiplicación
▸◂ la división

LOS SIGNOS MATEMÁTICOS
(el) más
(el) menos
(el) por
(el) entre
(el) igual
el resultado

LA GEOMETRÍA
la línea
el ángulo
la forma
el círculo
el triángulo
el cuadrado
el rectángulo

Adjetivos

recto/a	*Este triángulo tiene un ángulo* ***recto****.*
horizontal ▸◂ vertical	*He pintado una línea* ***horizontal*** *y otra* ***vertical****.*
circular	*La Tierra es redonda y su giro es* ***circular****.*
rectangular	*Esta mesa es* ***rectangular****.*
triangular	*Ese tejado tiene forma* ***triangular****.*
cuadrado/a	*La habitación es* ***cuadrada****.*

Verbos

sumar ▸◂ restar	*Mi hijo pequeño ya ha aprendido a* ***sumar*** *y* ***restar****.*
multiplicar ▸◂ dividir	*Tenemos que* ***dividir*** *la cuenta entre tres.*
dibujar	*A Manuel le encanta* ***dibujar*** *paisajes.*

Las nuevas tecnologías

Sustantivos

LA INFORMÁTICA
el ordenador
el ordenador (portátil)
el PC
el/la informático/a
el/la usuario/a
el programa
el CD-ROM
el DVD
la impresora
el altavoz
el escáner
el módem
el teclado
la tecla
la pantalla
el ratón
el escritorio
el enlace
la ventana
el documento
el cursor
la contraseña
el antivirus
el cibercafé

LAS TELECOMUNICACIONES
el satélite
el cable
la red (social)

Adjetivos

informático/a	*Ese nuevo programa* ***informático*** *es estupendo.*
impreso/a	*Aquí tienes los documentos* ***impresos****, como querías.*

Verbos

apagar ▸◂ encender	*Si* ***apagas*** *ahora el ordenador, perderás toda la información.*
hacer (*clic*)	*Después,* ***haz* clic** *con el ratón.*
pulsar	*Si* ***pulsas*** *SUPR se borra el texto.*
abrir ▸◂ cerrar	*No* ***cierres*** *nunca un documento sin guardarlo antes.*
guardar ▸◂ eliminar	*Puedes* ***eliminar*** *ese archivo. Ya no lo necesito.*
(des)instalar	*Mi hijo me* ***ha instalado*** *en el ordenador un programa para corregir la ortografía.*
bajar(se) ≈ descargar(se)	*Mi amigo Isidoro* ***se baja*** *de internet muchas películas clásicas con autorización.*

ACTIVIDADES

1 Aquí tienes una serie de **términos informáticos**. Subraya los que **NO** tienen otro significado más general en español.

el programa	el PC	el ratón	la ventana
el módem	la pantalla	el escritorio	el escáner

2 Pon los signos matemáticos que faltan para obtener el resultado indicado. Luego escribe la operación como en el ejemplo.

12 + 7 - 5 : 2 = 7 *doce* ***más*** *siete* ***menos*** *cinco* ***entre*** *dos es* ***igual a*** *siete.*

1 42 + 81 47 + 62 : 2 = 41
2 74 – 48 67 – 59 = **34**
3 45 5 – 2 + 90 = **97**

La política y la sociedad

19

PALABRA POR PALABRA

La organización del estado

Sustantivos

el país
≈ la nación
≈ el estado
la provincia
el distrito
la capital
la ciudad
el ayuntamiento
la autonomía
≈ la comunidad (autónoma)
el municipio
≈ el pueblo

el alcalde / la alcaldesa
el gobierno
la presidencia
el/la (vice)presidente/a
el Ministerio
el/la ministro/a
el/la funcionario/a

la embajada
el/la embajador/a
el rey / la reina
el príncipe / la princesa
el consulado
el/la cónsul

la república
la monarquía
la dictadura

Adjetivos

nacional ▸◂ internacional	*La embajada trabaja en las relaciones* ***internacionales****.*
exterior ▸◂ interior	*El embajador se dedica a la política* ***exterior****.*
republicano/a	*Mi abuelo estuvo en la cárcel porque era* ***republicano****.*
monárquico/a	*En cambio, mi abuela era* ***monárquica*** *convencida.*

Verbos

gobernar	*¿Quién* ***gobierna*** *ahora en Alemania?*
reinar	*En una democracia el rey* ***reina****, pero no gobierna.*

La política

Sustantivos

la política
la ley
el/la político/a
el pueblo
≈ los ciudadanos

la organización
la democracia
la dictadura

el partido
la oposición

el parlamento
el congreso
el senado

el sindicato
la izquierda
▸◂ la derecha
el centro

el/la comunista
el/la socialista
el/la conservador/a
el/la liberal

la Unión Europea (UE)
la Organización de las Naciones Unidas (ONU)

Adjetivos

político/a	*¿Cuántos partidos* ***políticos*** *hay en España?*
demócrata	*Mi familia es* ***demócrata*** *porque cree en la democracia.*
sindical	*Las organizaciones* ***sindicales*** *defienden a los trabajadores.*
comunista	*Santiago Carrillo era* ***comunista****.*
socialista	*España tuvo un gobierno* ***socialista****.*
conservador/a	*Jaime tiene unas ideas políticas muy* ***conservadoras****.*
liberal	*La política actual es más conservadora y menos* ***liberal****.*

Verbos

elegir	*En una democracia los ciudadanos* ***eligen*** *al gobierno.*

La vida en sociedad

Sustantivos

el barrio
la comunidad
la asociación
el/la vecino/a
el/la ciudadano/a
el club
el/la socio/a
la reunión
la cita
el saludo
▸◂ la despedida
la invitación

el/la invitado/a

los derechos
los deberes

la crisis
el progreso

la educación
la cortesía
la amabilidad

Adjetivos

público/a ▸◂ privado/a	*La sanidad es un derecho y debe ser **pública**.*
social	*En mi barrio hay un club **social** que organiza actividades.*
sociable	*José es muy **sociable**. Le gusta hablar con todo el mundo.*
(mal)educado/a	*¡Qué **maleducado**! Se ha marchado sin despedirse.*
amable	*Es un hombre muy **amable**. Siempre está sonriendo.*
agradable	*Este barrio es muy **agradable**. Tiene un parque precioso.*
tolerante	*Me gusta porque es muy **tolerante** con las ideas de los demás.*
arrogante	*Tu amiga es muy **arrogante**. Siempre cree que es la mejor.*
generoso/a	*Ana es muy **generosa** con Luisa. Siempre la está invitando.*

Verbos

tratar (bien ▸◂ mal)	*Cuando llegamos los vecinos, nos **trataron** muy bien.*
invitar	*Estoy enfadada porque no me **han invitado** a la reunión.*

quedar	*Ángeles, ¿**quedamos** mañana a las nueve para cenar?*
visitar	***Visitamos** el barrio y nos gustó mucho.*
recibir	*Los socios nos **recibieron** en el club con mucha amabilidad.*
ayudar	*¿Le puedo **ayudar** en algo?*
respetar	*Tienes que **respetar** más la vida de tus vecinos.*
compartir	*Ana es generosa. **Comparte** lo que tiene con sus amigos.*
prestar	*No te puedo **prestar** dinero porque estoy sin trabajo.*

La ley y la justicia

Sustantivos

la ley
la constitución

la muerte
el/la abogado/a
el juez / la jueza
la cárcel

el robo
el/la ladrón/a
el terrorismo
el atentado
el/la terrorista
el crimen
el/la asesino/a

Adjetivos

(i)legal	*Es **ilegal** vender alcohol a los menores de 18 años.*
(in)justo/a	*Esa ley es **injusta** y hay que cambiarla.*
parcial ▸◂ imparcial	*La justicia tiene que ser siempre **imparcial**.*

Verbos

meter ▸◂ salir	*Al asesino lo **han metido** en la cárcel.*
robar	*Es un ladrón. Me **ha robado** la cartera con todo mi dinero.*
asesinar ≈ matar	*Ese hombre es un asesino: **ha matado** a dos personas.*

El ejército

Sustantivos

el ejército ....
el/la militar ....
el/la general ....
el/la capitán/a ....
el/la soldado ....

la paz ....
▸◂ la guerra (por/de) ....
tierra / mar / aire ....
el arma ....
la pistola ....
la bomba ....

Adjetivos

civil — *La guerra **civil** española terminó en 1939.*

militar — *El ejército tiene el poder **militar**.*

Verbos

tener (poder) — *Un general **tiene** más **poder** que un capitán.*

defender — *Los soldados **defienden** la paz de su país.*

ACTIVIDADES

1 Ordena los siguientes sustantivos de mayor (+) a menor (-).

la autonomía	la provincia	la calle	el distrito
la ciudad	el municipio	el barrio	el país

2 Completa el cuadro.

sustantivo	adjetivo	verbo
	invitado/a	
		democratizar
el/la asesino/a		

20 Las actividades artísticas

PALABRA POR PALABRA

Las artes

Sustantivos

el arte
la obra (de arte)

el/la autor/a
el/la artista
el/la crítico/a

la imaginación
el genio
el estilo

Adjetivos

artístico/a	*¿Cuál es el estilo **artístico** que te gusta más?*
original	*Es un pintor muy **original**. Nadie pinta como él.*
contemporáneo/a	*Ayer visitamos el museo de arte **contemporáneo**.*
interesante	*El crítico dijo que su obra era muy **interesante**.*
bonito/a ▸◂ feo/a	*¡Qué cuadro tan **bonito**! Me encanta, pero es muy caro.*
maravilloso/a ≈ fantástico/a	*Es un pintor **maravilloso**. Todos sus cuadros son buenos.*
horrible	*La obra de ese artista me parece **horrible**.*

Verbos

crear	*El artista **crea** obras de arte con su imaginación.*
imaginar	*Dalí no copiaba, **imaginaba** todo lo que pintaba.*
parecer(se)	*Este retrato es único: no **se parece** a otros.*
gustar	*¿Te **gusta** este cuadro? A mí me parece horrible.*
encantar	***Me encantan** todos tus cuadros y tu cerámica.*

La arquitectura, la escultura y la pintura

Sustantivos

el estilo
la galería (de arte)
la exposición
el museo
el taller
el estudio

LA ARQUITECTURA
el/la arquitecto/a
el edificio
el monumento
el acueducto
el palacio
el castillo
la muralla
la catedral
la iglesia
la mezquita
la sinagoga

LA ESCULTURA
el/la escultor/a
la estatua

LA PINTURA
el/la pintor/a
el cuadro
el paisaje
el (auto)retrato
el dibujo
el color
el blanco
▸◂ el negro
el gris
el amarillo
el naranja
el azul
el rojo
el rosa
el verde
el morado
el marrón

Adjetivos

artístico/a — *Picasso tiene mucho genio **artístico**.*

LOS ESTILOS
clásico/a ▸◂ moderno/a — *Prefiero el arte **clásico** al moderno.*

Verbos

construir — *Los arquitectos modernos no **construyen** catedrales.*

diseñar — *¿Qué arquitecto **diseñó** ese edificio?*

dibujar — *A mi hija le gusta mucho **dibujar** en el colegio.*

pintar — ***Pintas** muy bien. ¿Dónde has aprendido?*

copiar | *Va cada día al museo para **copiar** un cuadro de Goya.*

La literatura

Sustantivos

el/la escritor/a
el/la traductor/a
el diccionario

la obra
el texto
el libro
la revista

el personaje
el/la protagonista

el teatro
la obra (de teatro)

el diario
la novela (de aventuras)
el/la novelista
el cuento
el relato
la (auto)biografía

la poesía
el/la poeta
el poema

el concurso
el premio

Adjetivos

EL ESTILO

clásico/a ▸◂ moderno/a | *No me gusta cómo escribe. Su estilo es demasiado **clásico**.*

contemporáneo/a | *¿Qué escritores españoles **contemporáneos** conoces?*

LA NOVELA

policíaca | *Este autor solo escribe novela **policíaca**.*

histórica | *Es una novela **histórica** sobre la guerra civil española.*

rosa | *Las novelas **rosas** son siempre muy románticas.*

negra | *En las novelas **negras** siempre hay algún asesino.*

(de) ciencia ficción | *No me interesan las historias **de ciencia ficción**.*

(de) aventuras | La isla del tesoro *es una novela **de aventuras**.*

Verbos

escribir	*Este es el tercer libro que **escribo**.*
leer	*Me encanta **leer** cuando estoy de vacaciones.*
contar	*No me **cuentes** el final de la novela, por favor.*
tratar (de / sobre)	*¿De qué **trata** ese libro que estás leyendo?*
publicar	*Ana **ha publicado** un precioso libro de poemas.*
ganar ≈ dar	*Ana **ha ganado** el primer premio de poesía. Está feliz.*

La danza y la música

Sustantivos

LA DANZA
el baile (de salón)
el/la bailarín/a
el *ballet*

LA MÚSICA
la canción
la letra
el concierto

el/la cantante
el/la músico
el/la compositor/a
el/la director/a (de orquesta)
la orquesta

el grupo (musical)

el/la solista
el/la pianista
el/la violinista
el/la guitarrista

el musical
el flamenco
la ópera
la zarzuela
el rock
el pop
el jazz

el instrumento
la guitarra
el piano
el violín

Adjetivos

moderno/a ►◄ clásico/a	*A Juan le gusta la música **moderna**, pero su padre prefiere la **clásica**.*
musical	*Nieves ha ido a ver el **musical*** Hoy no me puedo levantar.

contemporáneo/a — *A veces el arte* ***contemporáneo*** *es más difícil de apreciar que el arte clásico.*

Verbos

bailar — *Estudió* ballet *porque lo que más le gusta es* ***bailar****.*

escuchar — *Ayer estuve en un bar* ***escuchando*** *un concierto de* jazz.

cantar — ***Cantar*** *ópera es muy difícil. Hay que estudiar mucho.*

tocar (un instrumento) — *Mi hijo Miguel* ***toca*** *la guitarra en un grupo de rock.*

practicar — *Para tocar bien un instrumento, hay que* ***practicar*** *cada día.*

ir a (un concierto) — *Mañana* ***vamos a un concierto*** *de música clásica.*

dar (un concierto) — *Ese guitarrista da* ***un concierto*** *esta tarde a las cinco.*

La fotografía, el cine y el teatro

Sustantivos

el cine
la película

la fotografía
la foto
la cámara (de fotos)

el/la director/a
el actor / la actriz
el/la protagonista

el drama
la comedia

el espectáculo

el escenario
la pantalla
el asiento

el flash
el zum
el álbum (de fotos)

la entrada
la cartelera

Adjetivos

artístico/a — *Los valores* ***artísticos*** *del cine actual son discutibles.*

EL CINE

policíaco/a — *Me gustan las películas* ***policíacas****.*

romántico/a	*María prefiere las películas **románticas**.*
(de) suspense	*Las películas que más me gustan son las **de suspense**. Siempre hay algún misterio que descubrir.*
(de) terror	*Me dan mucho miedo las películas **de terror**.*
(de) risa ≈ cómico/a	*Las películas de Cantinflas son **de risa**.*
(de) ciencia ficción	*En cine prefiero las historias reales a las **de ciencia ficción**.*
(de) acción	*El cine **de acción** está de moda.*
(de) aventuras	*A los adolescentes les gusta mucho el cine **de aventuras**.*
bélico/a ≈ de guerra	*Las películas **de guerra** me aburren mucho.*
(de) dibujos animados	*A mi hijo le encanta ver las películas **de dibujos animados**.*
en blanco y negro ▸◂ en color	*En 1900 solo se hacía cine en **blanco y negro**.*
(final) feliz ▸◂ triste	*Siempre lloro en el cine cuando el **final** es **triste**.*
(final) abierto	*El **final** es **abierto** para poder hacer la segunda parte.*
(versión) original	*Prefiero ver las películas en **versión original** subtitulada.*
(versión) doblada	*Antes en España todas las películas estaban **dobladas**.*
(versión) subtitulada	*Entendí muy bien la película porque estaba **subtitulada**.*

Verbos

producir	*Es muy caro **producir** una película.*
fotografiar	*Cuando está de viaje, lo **fotografía** todo.*
hacer ≈ sacar (una foto)	*¿Nos **sacas una foto**, por favor?*
hacer (una película)	*Andrés quiere **hacer una película** como director.*

echar ≈ poner (una película)	*¿Qué **ponen** hoy en el cine?*
comprar ≈ sacar (la entrada)	*No te preocupes, ya **he sacado las entradas** para el teatro.*

ACTIVIDADES

1 Aquí tienes cinco títulos de novelas ¿A qué género pertenecen? Elige uno de la columna derecha.

1	*Soñar un crimen*	a	rosa
2	*Los piratas de Isla Negra*	b	histórica
3	*El mensajero del espacio*	c	ciencia ficción
4	*Moriré de amor*	d	policíaca
5	*La vida del rey Fernando VI*	e	aventuras

2 Elige una opción y completa las frases con alguna de las siguientes palabras. Haz los cambios necesarios.

tocar / practicar	dibujar / pintar	subtitulada / doblada	hacer / sacar

1 Este chico es un genio: ………… el piano, la guitarra, canta y baila como un profesional.
2 Primero, tienes que aprender a ………… y después te enseñan a usar el color.
3 Prefiero ver la versión ………… de la película. Así oigo la voz original de los actores.
4 Carmen Maura ………… muchas películas con Almodóvar.

3 Organiza las siguientes palabras en las columnas correspondientes. Puedes repetir alguna.

violín	guitarra	guitarrista	pianista	director/a de orquesta	cantante
piano	bailarín/a	violinista	solista	orquesta	canción

jazz	flamenco	ópera	rock

Las ideas y las creencias

21

PALABRA POR PALABRA

La religión

Sustantivos

la religión ....
la fe ....
el/la creyente ....
▸◂ el/la ateo/a ....
el/la cristiano/a ....
el/la protestante ....
el/la ortodoxo/a ....

la misa ....
la Navidad ....
la Semana Santa ....
el Ramadán ....
el Sabbat ....

Dios ....
Jesucristo ....
Alá ....
Buda ....
el Papa ....

la iglesia ....
la catedral ....
la mezquita ....
la sinagoga ....

el sacerdote ....
el cura ....
la monja ....
el imán ....
el rabino ....
el/la santo/a ....
san (nombre propio masc.) ....

la Biblia ....
el Corán ....
la Tora ....

el cielo ....
▸◂ el infierno ....

Adjetivos

religioso/a ▸◂ laico/a	*Es un estado **laico**: no tiene una religión oficial.*
navideño/a	*Me encantan las fiestas **navideñas** desde que era niña.*
católico/a	*Mi abuela es **católica** y va a misa todos los domingos.*
cristiano/a	*En Roma hay muchos monumentos **cristianos**.*
judío/a	*En Toledo convivían cristianos, **judíos** y musulmanes.*
musulmán/a	*Marta vive ahora en un país **musulmán**.*
budista	*Ha estudiado mucho sobre la religión **budista**.*

ortodoxo/a — *En Rusia hay muchos cristianos **ortodoxos**.*

protestante — *Lutero fue el fundador de la iglesia **protestante**.*

creyente ▸◂ ateo/a — *Soy **creyente**, pero no practico ninguna religión.*

Verbos

creer (en) — *¿Tú **crees en** Dios?*

practicar — *Mi marido **practica** la religión católica.*

rezar — *Mi madre **reza** todos los días. Es muy creyente.*

pedir — *Siempre le **pide** a Dios que se cure su hermana.*

celebrar — *El cura **celebra** la misa en la iglesia.*

hacerse — *Jaime era ateo, pero ahora **se ha hecho** musulmán.*

La filosofía

Sustantivos

la filosofía
el/la filósofo/a
la idea
la razón

Adjetivos

filosófico/a — *Tuvieron una fuerte discusión **filosófica**.*

lógico/a — *Lo que dices es muy **lógico**. Estoy de acuerdo contigo.*

racionalista — *La filosofía **racionalista** ha defendido siempre la razón.*

Verbos

pensar — ***Piénsalo** bien antes de hablar.*

defender — *El filósofo **defiende** muy bien sus ideas.*

La política

Sustantivos

el/la político/a ....
el/la dirigente ....
la política ....
el partido ....

la república ....
la monarquía ....

la democracia ....
la dictadura ....

la derecha ....
▸◂ la izquierda ....
el centro ....

Adjetivos

(a)político/a — *No estoy de acuerdo con sus ideas* ***políticas****.*

conservador/a — *Es muy* ***conservador****. No quiere cambiar nada.*

liberal — *Prefiero los políticos con ideas más* ***liberales****.*

comunista — *La URSS estuvo dominada por el partido* ***comunista****.*

socialista — *Los* ***socialistas*** *suecos son un ejemplo de moderación.*

republicano/a — *El ideal* ***republicano*** *se opone al monárquico.*

Verbos

ser (de derechas ▸◂ de izquierdas) — *Ese partido* ***es de izquierdas****.*

defender — *Un buen político sabe* ***defender*** *sus ideas.*

discutir — *¿Por qué* ***discutes*** *siempre con él? Es muy desagradable.*

ACTIVIDADES

1 Completa con la **preposición** que falta.

sobre   por   a   en

1 Después de salvarse en aquel accidente, ha empezado a creer .... Dios.
2 Las monjas siempre están rezando .... los que sufren en el mundo.
3 Mi vecina le ha pedido .... Dios que su hijo encuentre trabajo pronto.
4 Los filósofos piensan .... los grandes temas de la humanidad.

2 Sustituye la parte en **negrita** por una palabra o expresión más exactas.

1 Yo no necesito ir a la iglesia para **decir mis oraciones**.

....

2 Este año vamos a **hacer** la Navidad con toda la familia.

....

3 Manolo **no cree en ningún Dios ni religión**.

....

4 Su hermano es un **sacerdote judío**.

....

3 Escribe al lado de cada palabra otra de su misma familia léxica que encuentres en las listas de la unidad. Mira el ejemplo.

Navidad ***navideño***
1 creyente ....
2 conservar ....
3 Cristo ....
4 dirigir ....
5 filosófico ....
6 pensamiento ....

4 Completa con las siguientes palabras. Haz los cambios necesarios.

laico ateo defender república discutir monarquía
ortodoxo sinagoga musulmán pensar

1 Los países que no tienen una religión oficial son ....
2 ¡María, no .... más con Pablo! No vale la pena enfadarse por eso.
3 En España reina la .... desde 1975.
4 Antes era muy religioso pero ahora se ha hecho .... y ya no cree en dios.
5 Es un político muy honesto que .... los derechos de los ciudadanos.
6 En Toledo hay iglesias, mezquitas y ....
7 La cultura .... en España está muy presente en sus monumentos.
8 ".............................. luego existo", afirmó el filósofo francés, Descartes.
9 Antes de la guerra civil, España era una ....
10 En Grecia la iglesia más importante es la ....

La geografía y la naturaleza 22

PALABRA POR PALABRA

El espacio y el universo

Sustantivos

el cielo
la tierra
el sol
la luna
la estrella
el espacio
el universo
el planeta
el día
▸◂ la noche
la distancia
el/la astronauta
el cohete
el satélite

Adjetivos

espacial — *El astronauta lleva un mes dentro del cohete* ***espacial****.*

lleno/a — *Mira, esta noche no hay nubes y se ve bien la luna* ***llena****.*

universal ≈ mundial — *La exposición* ***universal*** *celebrada en Sevilla en 1992 fue un éxito.*

Verbos

salir ▸◂ ponerse — *El sol* ***sale*** *por el este y* ***se pone*** *por el oeste.*

despegar ▸◂ aterrizar — *El cohete no pudo* ***aterrizar****. Tenía problemas técnicos.*

La geografía

Sustantivos

el lugar
≈ el sitio
la zona
el paisaje
la vista
el mapa
la región
la frontera
el límite
el kilómetro
el metro

GEOGRAFÍA POLÍTICA

el país
≈ la nación
≈ el estado
≈ la comunidad (autónoma)
la provincia
la ciudad

la capital
el pueblo
el distrito
la región

GEOGRAFÍA FÍSICA
el hemisferio
el polo
el continente
la península

el norte
el sur
el este
el oeste
el noroeste
el nordeste
el suroeste
el sudeste

el oriente
el occidente

el paisaje
la montaña
el bosque

el/la mar
el océano
la ola
la costa
la playa
la isla
el río
el lago
la orilla

la selva
el desierto

Adjetivos

geográfico/a	*Necesito consultar un mapa* ***geográfico*** *de España.*
occidental ▸◂ oriental	*España está en el hemisferio* ***occidental****.*
húmedo/a ▸◂ seco/a	*Es una tierra muy* ***seca****. No se puede plantar nada.*
profundo/a	*No te bañes, es un río muy* ***profundo*** *y es peligroso.*
alto/a ▸◂ bajo/a	*Escaló las montañas más* ***altas****.*
estrecho/a ▸◂ ancho /a	*Es un río muy largo pero no es muy* ***ancho****.*
grande ▸◂ pequeño/a	*¡Qué olas más* ***grandes*** *hay en el océano!*

Verbos

subir ▸◂ bajar	*Ahora tenemos que* ***subir*** *esa montaña.*
nacer	*Ese río* ***nace*** *en las montañas.*

El clima

Sustantivos

la atmósfera
el clima
el tiempo
la temperatura

LAS ESTACIONES
la primavera
el verano
el otoño
el invierno

LA METEOROLOGÍA
la lluvia
la tormenta

la nieve
el granizo
el hielo
la niebla
la nube
el aire
el viento
el huracán
la humedad

Adjetivos

atmosférico/a	*Puedes consultar la información **atmosférica** en internet.*
climático/a	*Ahora llueve menos. Es por el cambio **climático**.*
nevado/a	*El jardín está **nevado**. ¿Hacemos un muñeco de nieve?*
frío/a	*Ahora el viento es **frío**, muy desagradable.*
helado/a	*Las plantas están **heladas** por las bajas temperaturas.*
suave	*El clima es **suave**. Nunca hace ni mucho frío ni mucho calor.*
(des)agradable	*¡Qué tiempo más **desagradable**! Así no se puede pasear.*
seco/a ▸◂ húmedo/a	*El clima de Barcelona es **húmedo** porque tiene mar.*
cubierto ≈ nublado	*El cielo está muy **cubierto**. Seguro que va a llover.*
▸◂ despejado	*Hoy está nublado pero mañana estará **despejado**, ya verás.*

Verbos

llover	*Ahora no podemos salir a dar un paseo. **Está lloviendo**.*

caer	*Anoche **cayó** mucha nieve.*
dejar (de)	*Cierra el paraguas. **Ha dejado de** llover.*
nevar	*¿Tú crees que va a **nevar**? Está el cielo muy blanco.*
hacer (frío / calor / sol / viento)	*Podemos salir a la terraza. **Hace sol** y la temperatura es muy agradable.*
nublarse	***Se está nublando**. No vamos a poder ir a la playa.*
salir (el sol)	*Esta mañana estaba nublado pero ahora **ha salido el sol**.*
cambiar	*¡Cómo **ha cambiado** el tiempo! Ahora hace calor.*
mejorar ▸◂ empeorar	*Dicen que este fin de semana va a **mejorar** el tiempo.*

La fauna

Sustantivos

el animal
el mamífero
el/la veterinario/a
el pájaro
≈ el ave
el pez
el reptil
el insecto
la mosca
el mosquito
la araña

LOS ANIMALES SALVAJES
el/la león/a
el/la tigre / la tigresa
el elefante
el cocodrilo
la serpiente
el/la mono/a
la jirafa

LOS ANIMALES DE COMPAÑÍA
el/la perro/a
el/la gato/a
el pájaro
el caballo / la yegua

LOS ANIMALES DE GRANJA
el toro / la vaca
el/la cerdo/a
el/la conejo/a
el gallo / la gallina
el pollo
el pato
el cordero
la oveja

Adjetivos

doméstico/a	*No le gusta tener animales **domésticos** en casa.*
salvaje	*En la selva todos los animales son **salvajes**.*

Verbos

cuidar	*¿Te importaría **cuidar** al perro este fin de semana?*
alimentar(se)	*Las vacas **se alimentan** de hierba.*
morder	*De pequeña me **mordió** un perro y me hizo una herida.*
correr	*Me gusta ver los caballos cuando **corren**.*
cantar	*Escucha qué bien **canta** ese pájaro que está en el árbol.*

La flora

Sustantivos

la planta
el cultivo
la raíz
la tierra

el árbol
el tronco
la rama
la raíz
la hoja
el bosque
el pino
el olivo

la flor
el pétalo
el ramo
la rosa
la margarita
el florero

el jardín
el/la jardinero/a
la hierba
el césped

Adjetivos

seco/a ▸◂ mojado/a	*Me gusta caminar sin zapatos por la hierba **mojada**.*
(de) interior ▸◂ (de) exterior	*En mi piso tengo plantas **de interior** porque no hay terraza.*
frutal	*El naranjo es un árbol **frutal**.*

Verbos

plantar	*Quiero **plantar** un olivo en el jardín.*
salir	*Mira cuántas flores le **han salido** a esa planta. Está preciosa.*
cultivar	*El agricultor **cultiva** tomates en su huerta.*
regar	*Esa planta está muy seca. **Riégala** más.*
crecer	*Aquí no **crecen** las plantas porque la tierra es muy pobre.*
caerse (las hojas)	*A algunos árboles **se** les **caen las hojas** en invierno.*
secar(se)	*¡Qué pena! El árbol del jardín **se ha secado**.*
cortar	*Hay que **cortar** el tronco de ese árbol.*

ACTIVIDADES

1 Expresa las siguientes **acciones** con un solo verbo.

1 Echo agua a una planta: ....
2 Un perro me clava los dientes en el brazo: ....
3 Las nubes tapan el sol: ....
4 El tiempo cada vez es peor: ....
5 El agricultor cuida muchas verduras: ....

2 Forma el femenino de los siguientes sustantivos.

1 la serpiente	7 el cerdo ....
2 el caballo	8 la mosca ....
3 el tigre	9 la jirafa ....
4 el gato	10 la araña ....
5 el gallo	11 el conejo ....
6 el toro	12 el mosquito ....

Glosario

El número entre paréntesis remite a la unidad donde se encuentra la palabra.

abajo (1)
(final) abierto (20)
abierto/a (2, 3, 4)
abogado/a, el/la (7, 19)
abrazar(se) (3, 4)
abril (1)
abrir (2, 3, 4, 10, 11, 12, 13, 18)
abuelo/a, el/la (4)
aburrido/a (8)
aburrir(se) (4, 8)
academia, la (6)
accidente, el (14, 16)
(de) acción (20)
aceite, el (5, 16)
aceitunas, las (5)
acercarse (1)
acertar (8)
acostarse (3)
actividad, la (6, 7, 8, 9, 11, 13, 17)
actor, el (20)
actriz, la (20)
actual (10)
actualmente (1)
acueducto, el (20)
adelgazar (14)
adjuntar (10)
administración, la (6)
administrador/a, el/la (11)
administrativo/a, el/la (7)
adolescencia, la (3)
adolescente, el/la (3)
ADSL, el (10)
aéreo/a (16)
aeropuerto, el (16)
afeitarse (14)
afición, la (8, 9)
aficionado/a (8)
aficionado/a, el/la (9)
agencia (de prensa), la (10)
agencia (de viajes), la (15)
agosto (1)
agotado/a (14)
agradable (3, 4, 8, 19, 22)
agricultor/a, el/la (17)
agricultura, la (17)
agua, el (5, 14)
agua (oxigenada), el (14)
ahí (1)
(desde/hasta) ahora (1)
aire, el (22)
(por/de) aire (19)
aire (acondicionado), el (11)
ajedrez, el (8)
ajo, el (5)
Alá (21)
albañilería, la (11)
álbum (de fotos), el (20)
alcalde, el (19)
alcaldesa, la (19)
alcohol, el (14)
alegre (4)
alejarse (1)
alemán, el (6)
alergia, la (14)
alfombra, la (11)
algodón, el (13, 14)
alguno/a (1)
alimentación, la (13)
alimentar(se) (13, 22)
alimento, el (13)
aliñado/a (5)
aliñar (5)
allí (1)
almacén, el (13)
almohada, la (11)
alojamiento, el (15)
alquilar (11, 15)
alquiler, el (11)
altavoz, el (18)
alto/a (2, 3, 22)
altura, la (3)
alumno/a, el/la (6)
ama de casa, el (7)
amabilidad, la (4, 19)
amable (4, 19)
amar (4)
amargo/a (3, 5)
amarillo, el (2, 20)
ámbar (16)
ambulancia, la (14)
amigo/a, el/la (4)
amistad, la (4)
amor, el (4)
amueblado/a (11)
amueblar (11)
analgésico, el (14)
análisis, el (14, 18)
ancho/a (2, 13, 16, 22)
anciano/a, el/la (4)
(comida) andaluza (5)
andar (3, 8)
andén, el (16)
ángulo, el (18)
animal, el (22)
aniversario, el (1)
anoche (1)
anteayer (1)
antes (1)
antibiótico, el (14)
anticonceptivo, el (3)
antiguo/a (1, 11)
antipático (4)
antivirus, el (10, 18)
anual (14)
anular (15)
anunciar(se) (10)
anuncio, el (7, 10, 17)
año, el (1)
apagado/a (10)
apagar (10, 11, 18)
aparatos, los (11)
aparcamiento, el (13, 16)
aparcar (16)
aparecer (1)
apartado (de correos), el (10)
apartamento, el (11, 15)
apellido, el (4)
aperitivo, el (5, 8)
apolítico/a (21)
aprender (6)
aprobar (6)
apuesta, la (8)
apuntes, los (6)
aquí (1)
árabe, el (6)
araña, la (22)
árbitro/a, el/la (9)
árbol, el (22)
archivar (7)
archivo, el (10)
arma, el (12, 19)
armado/a (12)
armario, el (11)
arquitecto/a, el/la (7, 20)
arquitectura, la (20)
arrancar (16)
arreglar (16)
arriba (1)
arroba, la (10)
arrogante (4, 19)
arroz, el (5)
arte, el (20)
artes, las (20)
artículo (de opinión), el (10)
artista, el/la (7, 20)
asado/a (5)
asar (5)
ascensor, el (11, 13)
aseo personal, el (14)
asesinar (19)
asesino/a, el/la (12, 19)
asiento, el (8, 15, 16, 20)
asignatura, la (6)
asociación, la (19)
astronauta, el/la (22)
atasco, el (16)
atención, la (12)
atención (sanitaria), la (14)
atender (7, 12)
atentado, el (19)
atento/a (6)
ateo/a, el/la (21)
aterrizar (16, 22)
atleta, el/la (9)
atlético/a (9)
atletismo, el (9)
atmósfera, la (22)
atmosférico/a (22)
atún, el (5)
aula, el (6)
aumentar (2, 13, 16, 17)
autobiografía, la (20)
autobús, el (16)
automovilismo, el (9)
automovilista, el/la (9)
autonomía, la (19)
autopista, la (16)
autor/a, el/la (20)
autorretrato, el (20)
auxiliar, el/la (7)
ave, el (22)
avenida, la (16)

(de) aventuras (20)
avión, el (16)
ayer (1)
ayuda, la (12)
ayudante, el/la (7)
ayudar (12, 19)
ayuntamiento, el (19)
azafato/a, el/la (16)
azul (3)
azul, el (2, 20)
bachillerato, el (6)
bailar (8)
bailarín/a, el/la (20)
baile, el (8, 20)
baja (laboral por maternidad), la (7,14)
bajada, la (2)
bajar (1, 2, 3, 7, 10, 11, 13, 17, 22)
bajar(se) (10, 18, 19)
(grado) bajo cero (2)
bajo/a (2, 3, 22)
balcón, el (11)
ballet, el (20)
balón, el (9)
baloncesto, el (9)
balonmano, el (9)
banco, el (12)
bañador, el (13)
bañarse (14)
bañera, la (14)
baño, el (11, 14)
bar, el (5)
baraja, la (8, 13, 15, 17)
barba, la (3)
barca, la (16)
barco, el (16)
barra, la (5)
barrer (11)
barriga, la (3)
barrio, el (19)
bastante (2)
batería, la (10)
bebé, el (4)
beber (5)
bebidas, las (5)
beca, la (6)
béisbol, el (9)
bélico/a (20)
berenjena, la (5)
besar (3, 4)
Biblia, la (21)
biblioteca, la (6)
bici, la (8, 16)
bicicleta, la (8, 9, 16)
bien (2)
bigote, el (3)
bilingüe (6)
billar, el (8)
billete, el (8, 12, 13, 16)
billete (de ida y vuelta), el (15)
biografía, la (20)
biología, la (18)
biólogo/a, el/la (7, 18)
biquini, el (13)
bisabuelo/a, el/la (4)
bisexual (4)
bizcocho, el (5)
blanco, el (2, 20)
blanco/a (3)
(vino) blanco (5)
(en) blanco y negro (20)
blando/a (2, 18)
bloque (de pisos/de apartamentos), el (11)
blusa, la (13)
boca, la (3)
bolígrafo, el (6)
bolos, los (8)
bolsa, la (13)
Bolsa, la (17)
bolsa (de aseo/de viaje), la (15)
bolso, el (13)
bolso (de mano), el (15)
bomba, la (19)
bombero/a, el/la (12)
bonito/a (2, 11, 20)
boquerón, el (5)
borracho/a (5)
borrador, el (6)
borrar (6)
bosque, el (22)
botas, las (13)
bote, el (5, 13)
boxeador/a, el/la (9)
boxeo, el (9)
bragas, las (13)
brazo, el (3)
bricolaje, el (8)
Buda (21)
budista (21)
buenísimo/a (5)
bueno/a (2, 15)
bufanda, la (13)
bufete, el (7)
búlgaro, el (6)
buscador, el (10)
buscar (7, 11)
búsqueda de empleo, la (7)
buzón, el (10, 11, 12)
buzón (de voz), el (10)
caballo, el (22)
caber (2)
cabeza, la (3)
cabina, la (10)
cable, el (18)
cadena, la (10)
cadera, la (3)
caducado/a (5, 13)
caducar (13)
caer (22)
café, el (5, 8)
café (con leche), el (5)
cafetera, la (11)
caída, la (14)
caja, la (13)
cajero, el (12)
cajero (automático), el (12, 13,16)
cajero/a, el/la (13)
calabacín, el (5)
calamar, el (5)
calcetines, los (13)
calefacción, la (11)
calentarse (2, 5)
(baño/ducha) caliente (14)
calle, la (16)
callejero, el (15)
calorías, las (13)
calvo/a (3)
calzado, el (13)
calzar (2)
calzoncillo, el (13)
cama, la (11)
cámara (de fotos), la (20)
camarero/a, el/la (5, 7)
cambiar (13, 15, 16, 22)
cambiar (de) (10)
cambiarse (11)
cambio, el (13)
caminar (3, 8)
camino, el (1)
camión, el (16)
camisa, la (13)
campaña, la (17)
campin, el (8, 15)
campo, el (15)
campo (de fútbol/de golf), el (9)
campus, el (6)
canal, el (10)
cáncer, el (14)
canción, la (20)
cansado/a (4, 14)
cansar(se) (4)
cantante, el/la (20)
cantar (8, 20, 22)
cantidad, la (2, 18)
caña, la (5, 8)
capital, la (19, 22)
capitán/a, el/la (16, 19)
capítulo, el (6, 10)
cara, la (3)
carácter, el (4)
cárcel, la (19)
cargos, los (7)
carne, la (5)
carné (de conducir/de identidad), el (15, 16)
carnicería, la (13)
carnicero/a, el/la (13)
caro/a (13, 15, 17)
carpeta, la (6)
carpintería, la (11)
carrera, la (6, 9)
carretera, la (16)
carro, el (13)
carta, la (5, 10, 12)
cartas, las (8)
cartel, el (17)
cartelera, la (10, 20)
cartero/a, el/la (10, 12)
cartón, el (13)
casa, la (11)
casado/a (4)
casarse (4)
cáscara, la (5)
casco, el (9)
casero/a (5)
casero/a, el/la (11)
casilla, la (8)
casino, el (8)
castillo, el (20)
catalán, el (6)
catálogo, el (13, 17)
catedral, la (21, 21)
católico/a (21)
cava, el (5)
cazadora, la (13)
cazo, el (5)
CD-ROM, el (18)
cebolla, la (5)
cejas, las (3)
celebración, la (4, 8)
celebrar (4, 8, 21)
cementerio, el (3)
cemento, el (11)
cena, la (5)
cenar (5, 8)
(grado) centígrado (2)
centímetro, el (1, 2, 3)
céntimo, el (12, 13)

(calefacción) central (11)
céntrico/a (11)
centro, el (19, 21)
centro (comercial), el (13)
centro (de salud), el (14)
cepillo, el (14)
cepillo (de dientes), el (14)
cerca (1)
cercano/a (4)
cerdo, el (5)
cerdo/a, el/la (22)
cerebro, el (3)
cereza, la (5)
cerrado/a (2, 3, 4)
cerrar (2, 3, 10, 11, 12, 13, 18)
certificado, el (6)
cerveza, la (5)
césped, el (22)
cesta, la (13)
chalé, el (11)
champán, el (5)
champú, el (14)
chándal, el (9)
chaqueta, la (13)
charlar (6)
chat, el (10)
chatear (10)
checo, el (6)
cheque, el (12, 13)
chico/a, el/la (4)
chino, el (6)
chocolate, el (5)
chorizo, el (5)
chuleta, la (5)
cibercafé, el (18)
ciclismo, el (9)
ciclista, el/la (9, 16)
cielo, el (21, 22)
ciencia, la (18)
(de) ciencia ficción (20)
ciencias exactas, las (18)
ciencias naturales, las (18)
científico/a (18)
cifra, la (18)
cinco sentidos, los (3)
cine, el (8, 20)
cintura, la (3)
cinturón, el (13)
cinturón (de seguridad), el (16)
circulación, la (16)
circular (16, 18)
círculo, el (2, 18)
cirujano/a, el/la (14)
cita, la (19)
ciudad, la (15, 19, 22)
ciudadano/a, el/la (12, 19)
civil (19)
clara, la (5)
claro/a (2, 3, 6)
clase, la (2, 6)
clásico/a (20)
clasificar (7)
(doble) clic, el (10)
cliente/a, el/la (7, 13)
clima, el (22)
climático/a (22)
clínica, la (14)
club, el (9, 19)
cobrar (13)
cocer (5)
coche, el (16)
cocido/a (al vapor) (5)
cocina, la (8, 11)
cocinar (5)
cocinero/a, el/la (5)
cocodrilo, el (22)
codo, el (3)
coger (1)
cohete, el (22)
cola, la (1)
colaboración, la (12)
colaborar (7, 8, 12)
colcha, la (11)
colchón, el (11)
coleccionar (8)
colega, el/la (4)
colegio, el (6)
colgar (10, 11)
colonia, la (14)
color, el (2, 20)
(en) color (20)
comedia, la (20)
comentar (6)
comentario, el (10)
comer (5, 8)
comercial (17)
comercio, el (17)
cómic, el (8)
cómico/a (20)
comida, la (5, 13)
comisaría, la (12)
cómoda, la (11)
compañero/a, el/la (4, 6, 8)
compañía, la (10)
comparar (6)
compartir (5, 11, 19)
complementos, los (13)
completar (6)
completo/a (15)
comportamientos, los (4)
compositor/a, el/la (20)
compra, la (11, 17)
comprador/a, el/la (11, 13)
comprar (7, 11, 13, 15, 16, 17, 20)
compras, las (8)
comprender (6)
comprensión, la (6)
comunicación, la (10)
(bien/mal) comunicado/a (11)
comunidad, la (19)
comunidad (autónoma), la (19, 22)
comunidad (de propietarios), la (11)
comunista (19, 21)
comunista, el/la (19)
concierto, el (8, 20)
concurso, el (8, 10, 20)
condiciones de trabajo, las (7)
condimentar (5)
condimentos, los (5)
conducción, la (16)
conducir (16)
conductor/a, el/la (16)
conectar(se) (10)
conejo/a, el/la (22)
conexión, la (10)
conferencia, la (6)
(alimento) congelado (5)
congelador, el (11)
congelar(se) (18)
congreso, el (19)
conocer (6, 8, 18)
conserje, el/la (15)
(bien/mal) conservado/a (11)
conservador/a (19, 21)
conservar (13, 17)
consola, la (8)
constipado/a (14)
constitución, la (19)
construcción, la (17)
construir (11, 20)
cónsul, el/la (19)
consulado, el (19)
consulta, la (14)
consultar (6, 10, 15)
consumir (13)
contacto, el (10)
contaminado/a (17)
contaminación, la (17)
contaminante (17)
contaminar (17)
contar (2, 6, 20)
contemporáneo/a (20)
contento/a (4)
contestador (automático), el (10)
contestar (6, 10)
continente, el (22)
continuar (1)
contraseña, la (10, 18)
contratar (10, 15)
contrato, el (7)
control, el (16)
conversación, la (6, 10)
convivir (4)
copa, la (5)
copia (oculta), la (10)
copiar (10)
Corán, el (21)
corazón, el (3)
cordero, el (5, 22)
corredor/a, el/la (9)
corregir (6, 10)
correo (electrónico), el (10)
correo (postal), el (10)
correr (3, 9, 22)
(cuenta) corriente (12)
(café) cortado (5)
cortar (13, 14, 22)
corte, el (14)
cortes, los (13)
cortesía, la (19)
cortina, la (11)
corto/a (2, 3, 13, 15, 16)
coser (13)
costa, la (22)
costilla, la (5)
crear (20)
crecer (2, 3, 18, 22)
créditos, los (6)
creer (en) (21)
crema, la (14)
creyente, el/la (21)
crimen, el (19)
crisis, la (17, 19)
cristal, el (11)
cristiano/a, el/la (21)
crítico/a, el/la (20)
crucigrama, el (8)

crudo/a (5)
cruzar (1)
cuaderno, el (6)
cuadrado, el (2, 18)
cuadro, el (11, 20)
cuadros, los (13)
cualidad, la (2)
cuarto, el (11)
(piso) cuarto (11)
cuarto/a, el/la (1)
cuarto (de baño), el (11)
cuarto (de kilo) (13)
cuarto (de hora), el (1)
(piscina) cubierta (9)
cubiertos, los (5)
cubo, el (11)
cuchara, la (5)
cuchilla (de afeitar), la (14)
cuchillo, el (5)
cuello, el (3)
cuenta, la (10, 12)
cuento, el (20)
cuerpo, el (3)
cuidar (12, 14, 22)
culebrón, el (10)
cultivar (17, 22)
cultivo, el (17, 22)
culto/a (6)
cultural (10, 15)
cumpleaños, el (1, 4)
cumplir (años) (4)
cuñado/a, el/la (4)
cupón (de la ONCE), el (8)
cura, el (21)
currículo, el (7)
currículum vítae, el (7)
curso, el (6)
cursor, el (18)
dado, el (8)
danés, el (6)
danza, la (20)
dar (10, 20)
dar (el alta/la baja médica) (14)
dar (una beca) (6)
dar (un concierto) (20)
dar (un paseo) (20)
dar (una fiesta) (8)
dar (una/la noticia/ información/una opinión) (10)
dar(se) la mano (4,14)
dardos, los (8)
darse (una ducha/un baño/crema) (14)
datos, los (10)
(zapatos) de tacón (13)
debajo (1)
debate, el (6, 10)
deber (17)
deberes, los (6, 7, 19)
década, la (1)
(piso) décimo (11)
décimo/a, el/la (1)
decimoctavo/a, el/la (1)
decimocuarto/a, el/la (1)
decimonoveno/a, el/ la (1)
decimoprimero/a, el/ la (1)
decimoquinto/a, el/ la (1)
decimosegundo/a, el/ la (1)
decimoséptimo/a, el/ la (1)
decimosexto/a, el/la (1)
decimotercero/a, el/ la (1)
decir (6)
declarar (12)
decorar (11)
dedicarse (a algo) (7)
dedo, el (3)
defender (19, 21)
defender(se) (9)
dejar (16)
dejar (de) (1, 22)
dejar (propina) (5)
dejar (un mensaje) (10)
dejar (un recado) (10)
delante (1)
delantero/a (16)
deletrear (6)
delgado/a (3)
delicioso/a (5)
demanda, la (7, 17)
demasiado (2)
democracia, la (19, 21)
demócrata (19)
dentista, el/la (7, 14)
dentro (1)
departamento, el (7, 13)
dependiente/a, el/la (7, 13)
deporte, el (8, 9)
deportes acuáticos, los (9)
deportes de competición, los (9)
deportes de equipo, los (9)
deportes de invierno, los (9)
deportista, el/la (9)
deportivo/a (9)
depósito, el (16)
deprimido/a (4)
deprimirse (4)
derecha, la (1, 16, 19, 21)
derecho/a (1, 3, 10)
derechos, los (7, 19)
desagradable (3, 4, 22)
desaparecer (1)
desarrollarse (18)
desayunar (5)
desayuno, el (5)
descansar (16)
descanso, el (8, 16)
descargar(se) (10, 18)
descolgar (10)
desconectado/a (10)
desconectar(se) (10)
descubrimiento, el (18)
descubrir (8, 18)
descuento, el (13, 17)
desempleo, el (7)
desenchufar (11)
deshacer (11, 15)
desierto, el (22)
desinstalar (18)
desnatado/a (5)
desocupado/a (8)
desodorante, el (14)
desordenadamente (1)
desordenado/a (1)
desordenar (1)
desorganizadamente (1)
desorganizado/a (1)
desorganizar (1)
despacho, el (7)
despacio (1)
despedida, la (10, 19)
despedir (7)
despegar (16, 22)
despejado (22)
despertar(se) (3)
después (1)
destinatario/a, el/la (10)
destino, el (15)
desviar (una llamada) (10)
detrás (1)
devolución, la (13)
devolver (6, 12, 13, 17)
devolver (una llamada) (10)
día, el (1,22)
diagonal (2)
diario/a (14)
diario, el (10, 20)
diarrea, la (14)
dibujar (18, 20)
dibujo, el (20)
(de) dibujos animados (20)
diccionario, el (6, 20)
diciembre (1)
dictadura, la (19, 21)
didáctico/a (18)
diente, el (3)
dieta, la (5)
diferente (2)
difícil (2)
dinero, el (12, 13, 17)
Dios (21)
diploma, el (6)
dirección, la (1, 16)
dirección (de internet), la (10)
directivo/a (7)
director/a, el/la (6, 7, 20)
dirigente, el/la (21)
dirigir (7)
disco, el (8)
discoteca, la (8)
discusión, la (6)
discutir (4, 21)
diseñar (20)
disfrutar (4)
disminuir (2)
disminuir (la velocidad) (16)
distancia, la (1, 22)
distrito, el (19, 22)
divertido/a (4, 8)
divertir(se) (4, 8)
dividir (2, 18)
división, la (18)
divorciado/a (4)
divorciarse (4)
divorcio, el (4)
DNI, el (15)
(versión) doblada (20)
doblar (3)
doble, el (2)
doble (15)
doctor/a, el/la (6)
doctorado, el (6)
documental, el (10)
documento, el (10, 15, 18)
dólar, el (12)
doler (14)
dolor, el (4)
doméstico/a (22)

domingo, el (1)
dominó, el (8)
dormir(se) (3)
dormitorio, el (11)
drama, el (20)
droguería, la (13)
ducha, la (14)
ducharse (14)
duda, la (6)
dueño/a, el/la (7, 11)
dulce (3, 5)
duodécimo/a, el/la (1)
duro/a (2, 3, 18)
DVD, el (18)
echar (10, 12, 16, 20)
echar(se) (3)
echarse (unas gotas) (14)
ecología, la (17)
economía, la (17)
económico/a (12, 17)
economista, el/la (17)
edificio, el (11, 20)
editorial, el (10)
educación, la (4, 6, 19)
educado/a (4, 19)
egoísta (4)
ejercicio, el (6, 8, 9)
ejército, el (19)
electricidad, la (17, 18)
electrodomésticos, los (11)
electrónico/a (10)
elefante, el (22)
elegir (6, 13, 19)
elemento, el (18)
eliminar (18)
embajada, la (19)
embajador/a, el/la (19)
embarazada (3)
embutidos, los (5)
emisora, la (10)
empatado/a (8)
empatar (8, 9)
empeorar (22)
empezar (1)
empleado/a, el/la (7, 12)
empleo, el (7)
empresa, la (7)
empresario/a, el/la (7)
en punto (1)
en su punto (5)
enamorarse (4)
encantar (4, 20)
encargado/a, el/la (7)
encender (10, 11, 18)
enchufar (11)
encía, la (3)
enciclopedia, la (6)
encima (1)
encontrar (1)
encontrarse (4, 14)
enemigo/a, el/la (4)
energía, la (17, 18)
enero (1)
enfadado/a (4)
enfadar(se) (4)
enfermedad, la (14)
enfermero/a, el/la (7)
enfermo/a, el/la (14)
enfriarse (2)
engordar (14)
enlace, el (10, 18)
enorme (2)
ensalada, la (5)
enseñanza, la (6)
enseñar (6)
entender (6)
(leche) entera (5)
(desde/hasta) entonces (1)
entrada, la (8, 20)
(el) entre (18)
entregar (12)
entrenador/a, el/la (9)
entretenimiento, el (8, 9)
entrevista, la (7, 10)
envases, los (13)
enviar (10, 12)
envolver (un regalo) (4)
episodio, el (10)
equilibrado/a (5)
equipaje, el (15)
equipamiento deportivo, el (9)
equipamientos, los (11)
equipo, el (7, 9)
equipo (de música), el (11)
equivocación, la (6)
equivocarse (6)
error, el (6)
escalera (de incendios), la (11)
escaleras (mecánicas), las (13)
escáner, el (18)
escapar(se) (12)
escaparate, el (13)
escenario, el (20)
escoba, la (11)
escoger (13)
escribir (6, 10, 20)
escrito/a (6, 10)
escritor/a, el/la (20)
escritorio, el (18)
escuchar (3, 6, 8, 10, 20)
escuela, la (6)
escultor/a, el/la (20)
escultura, la (20)
espacial (22)
espacio, el (1, 22)
espalda, la (3)
español, el (6)
especialidad, la (5)
especialidades, las (14)
especias, las (5)
espectáculo, el (20)
espectador/a, el/la (8)
espejo, el (11)
esperar (1, 16)
esperar (un hijo) (3)
espinacas, las (5)
esponja, la (14)
espuma, la (14)
esquí, el (9)
esquiador/a, el/la (9)
esquiar (9)
esquíes/esquís, los (9)
establecimientos, los (13)
estación, la (16)
estación (de esquí), la (9)
estación (de servicio), la (16)
estaciones, las (1, 22)
estado, el (18, 19, 22)
estanco, el (13)
estantería, la (11)
estar (1, 3, 4, 7, 11)
estar (a) (1)
estar (comunicando) (10)
estar (malo/a / cansado/a) (14)
estatua, la (20)
este, el (1, 22)
estilo, el (20)
estirar(se) (3)
estómago, el (3)
estrecho/a (2, 13, 16, 22)
estrella, la (22)
estresado/a (4, 14)
estropeado/a (2, 11, 16)
estudiante, el/la (6)
estudiar (6, 18)
estudio, el (10, 11, 18, 20)
estudioso/a (6)
euro, el (12, 13)
euskera, el (6)
evaporarse (18)
examen, el (6)
excursión, la (8, 15)
existencia, la (1)
existir (1)
exmarido, el (4)
exmujer, la (4)
exnovio/a, el/la (4)
expareja, la (4)
experimento, el (18)
explicación, la (6)
explicar (6)
exportación, la (17)
exportar (17)
exposición, la (8, 17, 20)
expresión, la (6)
extensión, la (10)
exterior (1, 11, 17, 19, 22)
extremidades, las (3)
fábrica, la (7, 17)
fabricación, la (17)
fabricar (17)
fácil (2)
factura, la (17)
facturar (15, 16)
facultad, la (6)
falda, la (13)
familia, la (4)
familiar (4, 15)
fan, el/la (9)
fantástico/a (8, 20)
farmacia (de guardia), la (14)
fauna, la (22)
fax, el (10)
fe, la (21)
febrero (1)
fecha, la (1)
felicitar (4)
(final) feliz (20)
femenino (4)
fenomenal (8)
feo/a (2, 3, 20)
ferretería, la (13)
(día) festivo (1, 7)
fibra, la (13)
ficha, la (6, 8)
fiebre, la (14)
fiesta, la (4)
fiesta (de disfraces), la (8)
fijo/a (7)

(horario) fijo (7)
fila, la (8)
filete, el (5, 13)
filosofía, la (21)
filosófico/a (21)
filósofo/a, el/la (21)
fin (de semana), el (1, 8, 15)
final, el (1, 6)
finés, el (6)
firma, la (10)
firmar (7)
física, la (18)
físico/a, el/la (18)
flamenco, el (8, 20)
flash, el (20)
flexible (2)
(horario) flexible (7)
flor, la (22)
flora, la (22)
florero, el (11, 22)
fluvial (16)
folio, el (6)
folleto, el (17)
fondo, el (1)
fontanería, la (11)
footing, el (8)
forma, la (2, 18)
(carta) formal (10)
fórmula, la (18)
foro, el (10)
foto, la (20)
fotografía, la (20)
fotografiar (20)
frágil (2)
francés, el (6)
fregar (5, 11)
freír (5)
frente, la (3)
fresco/a (5, 14)
frigorífico, el (11)
frío/a (2, 5, 14, 22)
frito /a (5)
frontera, la (22)
fruta, la (5)
frutal (22)
frutería, la (13)
frutero/a, el/la (13)
fuente, la (10)
fuera (1)
fuerte (2, 3, 5, 6, 9,)
funcionar (11)
funcionario/a, el/la (7, 19)
fútbol, el (9)
futbolista, el/la (9)
futuro, el (1)
gafas, las (3)
galería (de arte), la (20)
gallego, el (6)
galletas, las (5)
gallina, la (22)
gallo, el (22)
gamba, la (5)
ganadería, la (17)
ganadero/a, el/la (17)
ganador/a, el/la (9)
ganar (6, 7, 8, 9, 17, 20)
ganar (tiempo) (1)
garaje, el (11, 16)
garantía, la (13)
garbanzos, los (5)
garganta, la (3)
gaseoso/a (18)
gasoil, el (16)
gasolina, la (16)
gasolinera, la (16)
gastar (12, 17)
gastos (comunes de comunidad), los (11)
gato/a, el/la (22)
gay (4)
gel, el (14)
general, el/la (19)
generoso/a (4, 19)
genial (8)
genio, el (20)
geografía, la (22)
geografía física, la (22)
geografía política, la (22)
geográfico/a (22)
geometría, la (18)
gimnasia, la (9)
gimnasio, el (8, 9)
gimnasta, el/la (9)
ginebra, la (5)
ginecólogo/a, el/la (14)
girar (16)
gobernar (19)
gobierno, el (19)
gol, el (9)
golpe, el (9, 14)
goma, la (6)
gordo/a (3)
gorra, la (13)
gorro, el (13, 14)
gotas, las (14)
GPS, el (15)
grabar (10)
grado, el (2, 6)
graduado escolar, el (6)
gramo, el (13)
gran (amigo/a) (4)
grande (2, 3, 5, 11, 13, 15, 22)
granizo, el (22)
graso/a (14)
gratuito/a (13)
griego, el (6)
gripe, la (14)
gris (3)
gris, el (2, 20)
grupo, el (2)
grupo (musical), el (20)
guantes, los (9, 13)
guapo/a (3)
guardar (13, 18)
guardería, la (6)
guerra, la (19)
(de) guerra (20)
guía, el/la (15)
guía (telefónica), la (10)
guion (bajo), el (10)
guisantes, los (5)
guitarra, la (20)
guitarrista, el/la (20)
gustar (4, 20)
gusto, el (3)
haber (1)
habitación, la (11, 15)
habla, el (6)
hablador/a (4)
hablar (6)
hacer (1, 5, 8, 9)
hacer (clic) (18)
hacer (deporte/ejercicio) (9)
hacer (frío/calor/sol/ viento) (22)
hacer (transbordo) (16)
hacer (la cama) (11)
hacer (la compra) (11)
hacer (la maleta) (15)
hacer (un regalo) (4)
hacer (una foto) (20)
hacer (una llamada) (10)
hacer (una película) (20)
hacer (una pregunta/un comentario) (10)
hacer (una reserva) (15)
hacerse (14, 21)
harina, la (5)
hecho/a (5)
helado/a (22)
helicóptero, el (16)
hemisferio, el (22)
herida, la (14)
hermano/a, el/la (4)
(primo/a) hermano/a (4)
hervir (5)
heterosexual (4)
hielo, el (22)
hierba, la (22)
hígado, el (3)
hijo/a, el/la (4)
hindi, el (6)
hipoteca, la (11, 17)
historia, la (1)
histórico/a (1, 20)
hobby, el (8)
hoja, la (22)
hoja (de papel), la (6)
hombre, el (4)
hombro, el (3)
homosexual (4)
(media) hora, la (1)
horario, el (6, 7, 13, 15)
horas, las (1)
horizontal (2, 18)
horno, el (11)
horrible (20)
hospital, el (14)
hostal, el (15)
hotel (de lujo), el (15)
hoy (1)
huelga, la (7)
hueso, el (3)
huevos, los (5)
huir (12, 17)
humedad, la (2, 22)
húmedo/a (2, 11, 22)
húngaro, el (6)
huracán, el (22)
idea, la (21)
identificación personal, la (4)
idioma, el (6)
iglesia, la (20, 21)
igual (2)
(el) igual (18)
igualado/a (9)
ilegal (12, 19)
imagen, la (10)
imaginación, la (20)
imaginar (20)
imán, el (21)
impaciencia, la (4)
impaciente (4)
imparcial (19)
importación, la (17)
importante (2)
importar (17)
impreso/a (18)
impresora, la (18)

imprimir (10)
increíble (2, 8)
índice, el (6)
individual (6, 11, 15)
industria, la (17)
industrial (17)
infantil (6)
infierno, el (21)
información, la (10, 15)
información escrita, la (10)
informar (10)
informática, la (18)
informático/a, el/la (18)
informativo, el (10)
informe, el (7)
infusión, la (5)
ingeniero/a, el/la (7)
inglés, el (6)
ingrediente, el (5)
ingresar (14)
injusto/a (19)
inmediatamente (1)
inorgánico/a (18)
insecto, el (22)
inseguridad, la (4)
instalaciones deportivas, las (9)
instalar (18)
instante, el (1)
instituto, el (6)
instrumento, el (20)
inteligencia, la (4)
inteligente (4)
interesante (2, 8, 20)
intereses, los (13)
interior (1, 11, 13, 17, 19, 22)
interior, el (11)
internacional (9, 10, 12, 17, 19)
internet (8, 10)
interurbano/a (16)
intestino, el (3)
intranquilidad, la (4)
introducir (datos) (7)
inventar (18)
invento, el (18)
invierno, el (1, 22)
invitación, la (8, 19)
invitado/a (4, 19)
invitar (4, 8, 19)
ir (8, 20)
ir(se) (8, 11)
irlandés, el (6)
isla, la (22)
italiano, el (6)
IVA, el (13)
izquierda, la (1, 3, 10, 19, 21)
(a la) izquierda (16)
jabón, el (14)
jamón, el (5)
japonés, el (6)
(comida) japonesa (5)
jarabe, el (14)
jardín, el (11, 22)
jardinería, la (8)
jardinero/a, el/la (22)
jarra (de agua/de cerveza), la (5)
jazz, el (20)
jefe/a, el/la (7)
jersey, el (13)
Jesucristo (21)
jirafa, la (22)
joven (3, 4)
jubilado/a, el/la (7)
jubilarse (7)
judías (blancas), las (5)
judías (verdes), las (5)
judío/a (21)
juego, el (8)
juegos de azar, los (8)
juegos de mesa, los (8)
jueves, el (1)
juez, el (19)
jueza, la (19)
jugador/a, el/la (8, 9)
jugar (8, 9)
juguete, el (8)
juguetes infantiles, los (8)
julio (1)
junio (1)
junto/a (1)
justicia, la (19)
justo/a (19)
kilo, el (2, 3, 13)
kilogramo, el (2, 3)
kilómetro, el (1, 16, 22)
kiwi, el (5)
labio, el (3)
(día) laborable (1, 7)
laboral (7)
laboratorio, el (7, 18)
lácteos, los (5)
lado, el (1, 2)
ladrillo, el (11)
ladrón/a, el/la (12, 19)
lago, el (22)
laico/a (21)
lámpara, la (11)
lana, la (13)
lápiz, el (6)
largo/a (2, 3, 13, 15, 16)
lata, la (5, 13)
lavabo, el (11, 14)
lavadora, la (11)
lavaplatos, el (11)
lavar (5, 11, 14, 16)
lavavajillas, el (11)
leche, la (5)
lechuga, la (5, 8)
leer (6, 8, 20)
legal (12, 19)
legumbres, las (5)
lejano/a (4)
lejos (1)
lengua, la (3, 6)
lentejas, las (5)
lento/a (9)
león/a, el/la (22)
lesbiana (4)
letra, la (6, 20)
levantar (3)
ley, la (19)
liberal (19, 21)
(profesión) liberal (7)
libra, la (12)
libre (7, 8, 15, 16)
libro, el (6, 8, 20)
ligar (con alguien) (4)
ligero/a (2, 5, 13, 16)
límite, el (22)
limón, el (5)
limpiar (5, 11, 16)
limpieza, la (14)
limpio/a (2, 3, 5, 11, 14, 17)
línea, la (2, 10, 18)
línea (ADSL), la (10)
línea (de metro/de autobús), la (16)
lino, el (13)
líquido/a (2, 18)
liso/a (3)
lista (de distribución), la (10)
listo/a (4)
litera, la (11)
literatura, la (20)
litro, el (13)
llamada, la (10)
llamar (por teléfono) (10)
llamarse (4)
llegada, la (15, 16)
llegar (15, 16)
llenar (2, 5, 11)
lleno/a (2, 5, 16, 22)
llevar (3, 11)
llevar (cambio/suelto) (17)
llevar (salsa/arroz) (5)
llevar (tiempo) (1)
llorar (3)
llover (22)
lluvia, la (22)
locutor/a, el/la (10)
lógico/a (21)
lomo, el (5)
loncha, la (13)
lotería, la (8)
luego (1)
lugar, el (1, 7, 11, 15, 22)
luminoso/a (11)
luna, la (22)
lunes, el (1)
madera, la (11)
madre, la (4)
madrugada, la (1)
maestro/a, el/la (6)
magdalena, la (5)
majo/a (4)
(muy) mal (2)
maleducado/a (4, 19)
maleta, la (15)
malo/a (2)
mamífero, el (22)
mandar (10, 12)
mando, el (8)
mano, la (3)
manta, la (11)
mantel, el (5)
mantenerse (bien/mal informado/a) (10)
mantenimiento, el (16)
mantequilla, la (5)
manzana, la (5)
manzanilla, la (5)
mañana, la (1)
mañana (1)
mapa, el (15, 22)
maquinilla, la (14)
mar, el/la (16, 22)
(por/de) mar (19)
maratón, la (9)
maravilloso/a (8, 20)
marcar (10)
marcha, la (16)
mareado/a (14)
margarina, la (5)
margarita, la (22)
marido, el (4)
marinero/a, el/la (16)
marisco, el (5)

marítimo/a (16)
márquetin, el (17)
marrón (3)
marrón, el (2, 3, 20)
martes, el (1)
marzo (1)
más (2)
(el) más (18)
masculino (4)
máster, el (6)
matar (12, 19)
matemáticas, las (18)
matemático/a, el/la (18)
materia, la (17, 18)
material (de construcción), el (11)
materiales, los (11)
matrícula, la (6)
matricularse (6)
matrimonio, el (4)
mayo (1)
mayor (2)
mayoría, la (2)
mecánica, la (16)
mecánico/a, el/la (7, 16)
mediano/a (2, 3)
medias, las (13)
medicamento, el (14)
medicina, la (14)
médico/a, el/la (7, 14)
medida, la (2, 13)
medio, el (1)
medio (kilo) (13)
medioambiente, el (17)
mediodía, el (1)
medir (2, 3)
mejor (amigo/a) (4)
mejorar (22)
melón, el (5)
memoria, la (6)
menor (2)
(el) menos (18)
menos (2)
(hora) menos (minutos) (1)
mensaje, el (10)
mensaje (adjunto), el (10)
mensajero/a, el/la (12)
mensual (14)
mentiroso/a (4)
menú, el (5, 10)
mercado, el (13, 17)
merendar (5)
merienda, la (5)
merluza, la (5)
mermelada, la (5)
mesa, la (11)
meses, los (1)
mesilla (de noche), la (11)
metal, el (11)
meteorología, la (22)
meter (1, 7, 12, 19)
método, el (18)
metro, el (1, 2, 3, 16, 22)
mezquita, la (20, 21)
microondas, el (11)
miedo, el (4)
miel, la (5)
miércoles, el (1)
militar, el/la (19)
minifalda, la (13)
Ministerio, el (19)
ministro/a, el/la (19)
minoría, la (2)
minuto, el (1)
mirada, la (3)
mirar (3, 13)
misa, la (21)
mitad, la (2)
mochila, la (8, 15)
modales, los (4)
módem, el (18)
moderno/a (11, 20)
mojado/a (2, 11, 22)
mojar (11)
momento, el (1)
monarquía, la (19, 21)
monárquico/a (19)
moneda, la (12, 13)
monja, la (21)
mono/a, el/la (22)
montaña, la (15, 22)
montar (en) (8)
monumento, el (20)
morado, el (20)
morder (22)
moreno/a (3)
morir (1, 3, 4, 18)
mosca, la (22)
mosquito, el (22)
moto, la (16)
motociclismo, el (9)
motociclista, el/la (9)
motor, el (16)
motorista, el/la (16)
mover (3, 11)
móvil, el (10)
mucho/a (1, 2)
mudanza, la (11)
muebles, los (11)
muela, la (3)
muerte, la (1, 3, 12, 19)
muerto/a (1, 3)
mujer, la (4)
multa, la (16)
multinacional, la (7)
multiplicación, la (18)
multiplicar (2, 18)
mundial (9, 17, 22)
municipio, el (19)
muñeca, la (3)
muñeco/a, el/la (8)
muralla, la (20)
músculo, el (3)
museo, el (8, 20)
música, la (8, 20)
musical (20)
músico, el/la (7, 20)
muslo, el (5)
musulmán/a (21)
nacer (3, 4, 18, 22)
nación, la (19, 22)
nacional (9, 10, 12, 17, 19)
nada (1, 2)
nadador/a, el/la (9)
nadar (9)
nadie (2)
naranja, el (2, 20)
naranja, la (5)
nariz, la (3)
nata, la (5)
natación, la (9)
(yogur) natural (5)
navegador, el (10)
navegar (8, 10, 16)
Navidad, la (21)
navideño/a (21)
neerlandés, el (6)
negocio, el (7, 17)
negro/a (3, 20)
negro, el (2, 20)
nerviosismo, el (4)
nervioso/a (4)
nevado/a (22)
nevar (22)
nevera, la (11)
niebla, la (22)
nieto/a, el/la (4)
nieve, la (22)
ninguno/a (1)
niño/a, el/la (4)
noche, la (1, 22)
nombre, el (4, 10)
nómina, la (7)
nordeste, el (1, 22)
normal (2)
normas (de circulación), las (16)
noroeste, el (1, 22)
norte, el (1, 22)
noruego, el (6)
nota, la (6)
noticia, la (10)
novela, la (20)
novelista, el/la (20)
noveno/a, el/la (1, 11)
noviembre (1)
novio/a, el/la (4)
nube, la (22)
nublado (22)
nublarse (22)
nuera, la (4)
nuevas tecnologías, las (18)
nuevo/a (2, 11)
número, el (18)
número (de teléfono), el (10)
número (por ciento), el (2)
nunca (1)
objetivo, el (18)
obligatorio/a (16)
obra, la (20)
obra (de arte), la (20)
obra (de teatro), la (20)
obrero/a, el/la (17)
observación, la (18)
oca, la (8)
occidental (22)
occidente, el (22)
océano, el (16, 22)
octavo/a, el/la (1, 11)
octubre (1)
oculista, el/la (14)
ocupado/a (8, 10, 15, 16)
odiar (4)
oeste, el (1, 22)
oferta, la (7, 13, 17)
oficial (6)
oficina, la (7)
oficina (de correos), la (12)
oficina (de información), la (8)
oficina (de turismo), la (8, 15)
oficio, el (7)
ofrecer (ayuda) (12)
oído, el (3)
oír (3, 10)
ojos, los (3)
ola, la (22)
oler (3)

olfato, el (3)
olivo, el (22)
olor, el (3)
olvidar (6)
ONG, la (12)
ópera, la (20)
opinar (6)
opinión, la (6, 10)
oposición, la (19)
optimismo, el (4)
optimista (4)
oral (6)
orden, el (1)
ordenadamente (1)
ordenado/a (1)
ordenador, el (6, 18)
ordenar (1)
oreja, la (3)
orgánico/a (18)
organización, la (19)
Organización de las Naciones Unidas (ONU), la (19)
organización del estado, la (19)
organizadamente (1)
organizado/a (1, 15)
organizar (1, 4, 15)
órganos, los (3)
orientación, la (1)
oriental (22)
oriente, el (22)
original (20)
orilla, la (22)
orquesta, la (20)
ortodoxo/a, el/la (21)
ortografía, la (6)
oscuro/a (2, 3, 11)
otoño, el (1, 22)
oveja, la (22)
oyente, el/la (10)
paciencia, la (4)
paciente (4)
paciente, el/la (14)
padre, el (4)
paella, la (5)
pagar (5, 7, 11, 13, 16, 17)
página, la (6)
páginas (amarillas), las (10)
pagos, los (13)
país, el (19, 22)
paisaje, el (20, 22)
pájaro, el (22)
palabra, la (6)
palacio, el (20)
palillos, los (5)
pan, el (5)
panadería, la (13)
pantalla, la (8, 18, 20)
pantalón, el (13)
pañuelo, el (13)
Papa, el (21)
papel, el (10)
papelería, la (13)
paquete, el (5, 10, 13)
parada, la (16)
parado/a, el/la (7)
parar (16)
parchís, el (8)
parcial (6, 19)
parecer (2, 4)
parecer(se) (2, 3, 20)
parecido/a (2)
pared, la (11)
pareja, la (4, 8)
parlamento, el (19)
paro, el (7, 12)
parque (de atracciones), el (8)
parte, la (1)
partes del cuerpo, las (3)
participar (9)
partida, la (8)
partido, el (9, 19, 21)
pasado, el (1)
pasado mañana (1)
pasaporte, el (15)
pasar (el aspirador) (11)
pasar (la aduana) (16)
pasar (por) (13, 16)
pasar (una llamada) (10)
pasatiempos, los (8)
pasear (por) (8)
paseo, el (8, 16)
pasillo, el (11)
paso (de cebra/de peatones), el (16)
pasta, la (5)
pasta (de dientes), la (14)
pastelería, la (13)
pasteles, los (5)
pastilla, la (14)
patatas, las (5)
pato, el (22)
paz, la (19)
PC, el (18)
peatón/a, el/la (16)
pecho, el (3)
pechuga, la (5)
pedido, el (7)
pedir (17, 21)
pedir (hora/cita) (14)
pedir (la cuenta) (5)
pedir (una beca) (6)
peinarse (14)
peine, el (14)
peli, la (8)
película, la (8, 10, 20)
pelo, el (3, 14)
pelota, la (8, 9)
pena, la (4)
península, la (22)
pensar (6, 21)
pensión, la (15)
peor (amigo/a) (4)
pequeño/a (2, 3, 5, 11, 13, 15, 22)
pera, la (5)
percepciones, las (4)
perdedor/a, el/la (9)
perder (1, 7, 8, 9, 15, 17)
perejil, el (5)
perfume, el (14)
periódico, el (10)
periodismo, el (10)
periodista, el/la (7, 10)
permitido/a (16)
perro/a, el/la (22)
persiana, la (11)
persona, la (4, 11, 13)
personaje, el (20)
(carta) personal (10)
personal, el (7)
personalidad, la (4)
pesado/a (2, 5, 13, 16)
pesar (2, 3)
pescadería, la (13)
pescadero/a, el/la (13)
pescado, el (5)
pescador/a, el/la (17)
pesimismo, el (4)
pesimista (4)
peso, el (2, 3)
pestañas, las (3)
pétalo, el (22)
pez, el (22)
pianista, el/la (20)
piano, el (20)
picante (3, 5)
picnic, el (8)
pie, el (3)
piedra, la (11)
piel, la (3)
pierna, la (3)
pijama, el (13)
piloto, el/la (16)
pimienta, la (5)
pino, el (22)
pintado/a (2)
pintar (20)
pintar(se) (14)
pintor/a, el/la (20)
pintura, la (20)
piña, la (5)
piragua, la (16)
piscina, la (9)
piso, el (11)
pista (de baloncesto/de tenis), la (9)
pizarra, la (6)
plan, el (1)
planchar (11)
planeta, el (22)
plano, el (15)
plano/a (2)
(zapatos) planos (13)
planta, la (22)
plantar (17, 22)
plástico, el (11)
plátano, el (5)
plato, el (5)
(primer/segundo) plato, el (5)
playa, la (15, 22)
plaza, la (15, 16)
pobre (17)
pobreza, la (17)
poco/a (1, 2)
poema, el (20)
poesía, la (20)
poeta, el/la (20)
polaco, el (6)
poleo, el (5)
policía, la (12, 16)
policíaco/a (20)
política, la (19, 21)
político/a (12, 19, 21)
político/a, el/la (19, 21)
pollo, el (5, 22)
poner (5, 10, 11)
poner (dinero) (12)
poner (la mesa) (11)
poner (una multa) (16)
poner (una película) (20)
ponerse (4, 9, 14, 10, 22)
pop, el (20)
(el) por (18)
portal, el (11)
portarse (bien/mal) (4)
(ordenador) portátil, el (18)

portero (automático), el (11)
portero/a, el/la (11)
portugués, el (6)
posdata, la (10)
posición, la (1)
postal (10)
(código) postal, el (12)
postal, la (10, 12)
póster, el (11)
postre, el (5)
postura, la (3)
practicar (6, 8, 9, 20, 21)
precio, el (13, 17)
(plato) precocinado (5)
prefijo, el (10)
pregunta, la (6, 10)
preguntar (6, 10)
prehistórico/a (1)
premio, el (8, 9, 20)
prensa, la (10)
preparar (5, 6, 12)
presentador/a, el/la (10)
presente (1)
presente, el (1)
presentar (el tique) (13)
preservativo, el (3)
presidencia, la (19)
presidente/a, el/la (7, 19)
prestar (19)
presupuesto, el (7)
primavera, la (1, 22)
primer (piso) (11)
(piso) primero (11)
primero/a, el/la (1)
primo/a, el/la (4)
princesa, la (19)
príncipe, el (19)
principio, el (1)
prisa, la (1)
privado/a (10, 14, 19)
probador, el (13)
probar (3)
probar(se) (13)
producción, la (17)
producir (17, 20)
producto, el (13, 17)
profesión, la (7)
profesor/a, el/la (6, 7)
profundo/a (22)
programa, el (6, 8, 10, 18)
programar (11)
progreso, el (19)
prohibido/a (16)
promoción, la (13, 17)
pronto (1)
pronunciar (6)
propietario/a, el/la (7, 11)
propina, la (5, 13)
protagonista, el/la (20)
proteger (17)
proteínas, las (13)
protestante, el/la (21)
provincia, la (19, 22)
próximo/a (1)
proyecto, el (7)
pruebas (médicas), las (14)
psicólogo/a, el/la (12, 14)
pub, el (8)
publicar (10, 20)
publicidad, la (10, 17)
publicitario/a (17)
público, el (8, 10, 19)
(sanidad/medicina) público/a (14)
pueblo, el (19)
puente, el (8, 15, 16)
puerta, la (11, 16)
puerto, el (16)
puesto, el (7)
pulmón, el (3)
pulsar (10, 18)
punto, el (2, 10)
puntos cardinales, los (1)
puntual (1)
quedar (4, 8, 19)
quedar (bien/mal) (13)
quemadura, la (14)
querer(se) (4)
queso, el (5)
química, la (18)
químico/a, el/la (18)
quiniela, la (8)
quinto/a, el/la (1, 11)
quiosco, el (10, 13)
quitar (5, 10, 11)
quitar (la mesa) (11)
rabino, el (21)
racionalista (21)
radio, la (8, 10)
raíz, la (22)
rama, la (22)
Ramadán, el (21)
ramo, el (22)
rápido/a (9, 14)
raqueta, la (9)
rato, el (1)
ratón, el (18)
rayas, las (13)
razón, la (21)
realizar (7)
rebajado/a (13)
rebajar (13, 17)
rebajas, las (13)
recado, el (10)
recepción, la (15)
recepcionista, el/la (15)
receta, la (5, 14)
recibir (10, 12, 19)
recibo, el (10, 11, 12, 13, 17)
reciclado/a (6)
reciclaje, el (17)
reciclar (17)
recién (nacido/a), el/la (4)
recipientes, los (5)
recoger (5, 16, 11, 17)
recordar (6)
rectangular (2, 18)
rectángulo, el (2, 18)
recto/a (1, 2, 18)
recursos, los (12)
red, la (9, 10)
red (social), la (18)
redactar (10)
redactor/a, el/la (10)
redondo/a (2)
reenviar (10)
regalar (4)
regalo, el (4)
regar (17, 22)
región, la (22)
regla, la (3)
reglas (del juego), las (8)
regular (2)
reina, la (19)
reinar (19)
reírse (4)
relaciones familiares, las (4)
relaciones sociales, las (4)
relajar(se) (3)
relato, el (20)
religión, la (21)
religioso/a (21)
remitente, el/la (10)
reparación, la (16)
repartir (10)
repasar (6)
repetir (6)
reportaje, el (10)
reptil, el (22)
república, la (19, 21)
republicano/a (19, 21)
resaca, la (5)
reserva, la (15)
reservar (5, 15)
resfriado/a (14)
respetar (16, 19)
respirar (3)
responder (10)
responsabilidad, la (4)
responsable (de), el/la (7)
respuesta, la (6, 10)
resta, la (18)
restar (2, 18)
restaurante, el (5, 8)
resultado, el (18)
(buen/mal) resultado (9)
retraso, el (1)
retrato, el (20)
reunión, la (8, 19)
revisar (16)
revista, la (8, 10, 20)
rey, el (19)
rezar (21)
rico/a (3, 5, 17)
riñón, el (3)
río, el (16, 22)
(de) risa (20)
riqueza, la (17)
riquísimo/a (5)
rizado/a (3)
robar (12, 19)
robo, el (12, 19)
rock, el (20)
rodilla, la (3)
rojo/a (16)
rojo, el (2, 20)
rol, el (8)
romántico/a (20)
romper (2, 14)
ron, el (5)
ropa, la (13)
ropa (interior), la (13)
rosa (20)
rosa, el (20)
rosa, la (22)
(vino) rosado (5)
roto/a (2)
rubio/a (3)
rueda (de repuesto), la (16)
rugby, el (9)
ruido, el (3, 6)
rumano, el (6)
ruso, el (6)

sábado, el (1)
sábana, la (11)
Sabbat, el (21)
saber (6)
saber (a algo) (3)
sabor, el (3)
sacapuntas, el (6)
sacar (1, 11, 12, 16)
sacar (dinero) (12)
sacar (la entrada) (20)
sacar (una foto) (20)
sacerdote, el (21)
saco (de dormir), el (8, 15)
sal, la (5)
sala (de espera), la (14)
sala (de estar), la (11)
sala (de llegadas/de embarque), la (16)
salado/a (3, 5)
salario, el (7)
salchichón, el (5)
saldo, el (10)
salida, la (11, 15, 16)
salir (8, 9, 15, 16, 19, 22)
salmón, el (5)
salón, el (11)
saltar (3, 8, 9)
salud, la (14)
saludo, el (10, 19)
salvaje (22)
san (21)
sandalias, las (13)
sandía, la (5)
sanidad, la (14)
sanitario/a (12)
sano/a (5, 13, 14)
santo, el (1)
santo/a, el/la (21)
sardina, la (5)
sartén, la (5)
satélite, el (18, 22)
secador (de pelo), el (14)
secar (11)
secar(se) (14, 22)
sección, la (10)
sección (de congelados/ de lácteos/de bebidas), la (13)
(vino) seco (5)
seco/a (2, 11, 22)
secretaría, la (6)
sector, el (17)
seda, la (13)
seguir (1)
(de) segunda mano (11)
(piso) segundo (11)
segundo, el (1)
(primo/a) segundo/a (4)
segundo/a, el/la (1)
seguridad, la (4)
Seguridad Social, la (7, 14)
seguro, el (14, 16)
sello, el (10, 12)
selva, la (22)
semáforo, el (16)
semana, la (1)
Semana Santa, la (21)
semanal (14)
sembrar (17)
(leche) semidesnatada (5)
senado, el (19)
sencillo/a (11)
senderismo, el (9)
sensaciones, las (4)
sensible (3)
sentarse (3)
sentimiento, el (4)
sentir (3, 4, 14)
señal (de tráfico), la (16)
señor (Sr.), el (4)
señora (Sra.), la (4)
señoras (Sras.), las (4)
señores (Sres.), los (4)
separado/a (1, 4)
separarse (1, 4)
septiembre (1)
séptimo/a, el/la (1, 11)
sequedad, la (2)
ser (1, 2, 3, 4, 11)
ser, el (1)
serbocroata, el (6)
serie, la (10)
seriedad, la (4)
serio/a (4)
serpiente, la (22)
servicio, el (10)
servicios comunes, los (11)
servicios de seguridad, los (12)
servicios financieros, los (12)
servicios postales, los (12)
servicios sociales, los (12)
servilleta, la (5)
servir(se) (5)
sexo, el (3)
sexto/a, el/la (1, 11)
sexual (3)
siempre (1)
siglo, el (1)
signos matemáticos, los (18)
siguiente, el (1)
(al día) siguiente (1)
sílaba, la (6)
silencio, el (6)
silla, la (11)
sillón, el (11)
símbolo, el (18)
simpático/a (4)
sinagoga, la (20, 21)
sincero/a (4)
sindical (19)
sindicato, el (7, 19)
síntoma, el (14)
sistema educativo, el (6)
sitio, el (1, 22)
sobre, el (10, 12, 13)
sobrino/a, el/la (4)
sociable (4, 19)
social (12, 19)
(red) social (10)
socialista (19, 21)
socialista, el/la (19)
socio/a, el/la (9, 19)
socorro, el (12)
sofá, el (11)
sofá cama, el (11)
sol, el (22)
solamente (2)
soldado, el/la (19)
soleado/a (11)
sólido/a (2, 18)
solista, el/la (20)
(café) solo (5)
solo (2)
solomillo, el (5)
soltero/a (4)
sombrero, el (13)
sonido, el (3, 6)
sopa, la (5)
sorprendente (10)
sorpresa, la (4)
STOP, el (16)
suave (2, 3, 5, 6, 22)
subida, la (2)
subir (1, 3, 7, 10, 11, 13, 17, 22)
subrayar (6)
(versión) subtitulada (20)
sucio/a (2, 3, 5, 11, 14)
sudeste, el (1, 22)
sudoku, el (8)
sueco, el (6)
suegro/a, el/la (4)
sueldo, el (7)
suelo, el (11)
suerte, la (8)
sujetador, el (13)
suma, la (18)
sumar (2, 18)
súper, el (13)
supermercado, el (13)
suplemento, el (10)
supositorio, el (14)
sur, el (1, 22)
suroeste, el (1, 22)
suspender (6)
(de) suspense (20)
tablero, el (8)
tacto, el (3)
taller, el (20)
tanatorio, el (3)
tanto (por ciento), el (2)
tapa, la (5)
tardar (1)
tarde, la (1)
tarjeta, la (10)
tarjeta (de crédito), la (12, 13)
tarta, la (5)
taxi, el (16)
taxista, el/la (7, 16)
taza, la (5)
té, el (5)
teatro, el (8, 20)
techo, el (11)
tecla, la (18)
teclado, el (18)
tejado, el (11)
tela, la (13)
tele, la (8, 10)
telebasura, la (10)
telecomunicaciones, las (18)
telediario, el (10)
telefónico/a (10)
teléfono, el (10, 11)
teléfono (fijo/móvil), el (10)
telegrama, el (10)
televenta, la (17)
televisión, la (8, 10, 11)
televisor, el (10)
tema, el (6)
temperatura, la (22)
templado/a (2)
temporal (7)
temprano (1)

tender (la ropa) (11)
tenedor, el (5)
tener (1, 2, 3, 7, 11)
tener (cambio/suelto) (17)
tener (experiencia) (7)
tener (fiebre/tos) (14)
tener (forma de) (2)
tener (la regla) (3)
tener (poder) (19)
tener (un accidente) (16)
tener (un hijo) (3)
tener (una opinión/ información) (10)
tenis, el (9)
tenista, el/la (9)
tercer (piso) (11)
tercero/a, el/la (1)
(piso) tercero (11)
terminal, la (16)
terminar (1)
termómetro, el (14)
ternera, la (5)
terraza, la (11)
terrestre (16)
(de) terror (20)
terrorismo, el (19)
terrorista, el/la (19)
test, el (6)
texto, el (20)
tiempo, el (1, 22)
tiempo libre, el (8)
tienda, la (7, 13)
tienda (de campaña), la (8, 15)
(por/de) tierra (19, 22)
tigre, el (22)
tigresa, la (22)
tila, la (5)
tímido/a (4)
(vino) tinto (5)
tío/a, el/la (4)
típico/a (5)
tipo, el (3)
tipos de alimentos, los (5)
tipos de vivienda, los (11)
tirita, la (14)
título, el (6, 10)
tiza, la (6)
toalla, la (14)
tobillo, el (3)
tocar (3)
tocar (un instrumento) (20)
todavía (1)
todo (1, 2)
tolerante (4, 19)
tomar (3, 5, 8, 14)
tomate, el (5)
Tora, la (21)
tormenta, la (22)
toro, el (22)
tortilla, la (5)
tos, la (14)
total, el (2)
tóxico/a (17)
trabajador/a, el/la (4, 7, 12, 17)
trabajar (7, 17)
trabajo, el (6, 7)
tradición, la (1)
traductor/a, el/la (20)
traer (11)
tráfico, el (16)
traje, el (13)
tranquilidad, la (4)
tranquilo/a (4, 8, 11)
transacciones comerciales, las (13)
transexual (4)
transporte aéreo, el (16)
transporte fluvial, el (16)
transporte marítimo, el (16)
transporte por tierra, el (16)
transportes, los (16)
tranvía, el (16)
trasero/a (16)
tratar (bien/mal) (19)
tratar (de/sobre) (20)
travieso/a (4)
tren, el (16)
triangular (2, 18)
triángulo, el (2, 18)
triste (4, 20)
tronco, el (3, 22)
trozo, el (13)
túnel, el (16)
turismo, el (8, 15)
turista, el/la (8, 15)
turístico/a (15)
últimamente (1)
último/a, el/la (1)
un cuarto (2)
un tercio (2)
undécimo/a, el/la (1)
(hijo/a) único/a (4)
unidad, la (6)
Unión Europea (UE), la (19)
universal (22)
universidad, la (6)
universo, el (22)
urbano/a (16)
urgencias, las (14)
urgente (1)
usar (2, 3)
usuario/a, el/la (10, 18)
utensilios de cocina y mesa, los (5)
vaca, la (22)
vacaciones, las (8, 15)
vaciar (2, 5, 11)
vacío/a (2, 5, 11, 16)
vacuna, la (14)
vago/a (4, 7)
valores, los (4)
vaquero/a (13)
vaqueros, los (13)
variado/a (13)
vasco, el (6)
vaso, el (5)
váter, el (14)
vecino/a, el/la (19)
vegetariano/a (5)
vehículo, el (16)
velocidad, la (16)
vencer (9)
vendedor/a, el/la (13)
vender (7, 11, 13, 17)
venta, la (11, 17)
ventana, la (11, 18)
ventanilla, la (16)
ver (3, 8, 10)
verano, el (1, 22)
verde (3, 16)
verde, el (2, 3, 20)
verduras, las (5)
vertical (2, 18)
vestido, el (13)
veterinario/a, el/la (7, 22)
vía, la (16)
viajar (8, 15)
viaje, el (8, 15)
viajero/a (15)
viajero/a, el/la (8, 15, 16)
vicepresidente/a, el/la (19)
vida, la (1, 3, 18)
vida en sociedad, la (19)
videojuego, el (8)
viejo/a (2, 3, 11)
viento, el (22)
viernes, el (1)
vigésimo/a, el/la (1)
vinagre, el (5)
vino (de la casa), el (5)
violencia, la (12)
violín, el (20)
violinista, el/la (20)
virus, el (10)
visado, el (15)
visitar (19)
vista, la (3, 22)
vitaminas, las (13)
viudo/a (4)
vivienda, la (11)
vivir (1, 3, 4, 11)
vivo/a (1, 3)
vocabulario, el (6)
voleibol, el (9)
voluntario/a, el/la (8, 12)
voz, la (6)
vuelo, el (15, 16)
vuelta, la (13)
vuelta (ciclista), la (9)
(página) web, la (10)
(hora) y (minutos) (1)
(hora) y cuarto (1)
(hora) y media (1)
ya (1)
yegua, la (22)
yema, la (5)
yen, el (12)
yerno, el (4)
yogur, el (5)
yuan, el (12)
zanahoria, la (5)
zapatillas, las (13)
zapatillas (deportivas), las (9)
zapatos, los (13)
zarzuela, la (20)
zona, la (1, 22)
zoo, el (8)
zoológico, el (8)
zum, el (20)
zumo, el (5)

Soluciones

UNIDAD 1: La existencia, el tiempo y el espacio

1 5 **quinto**, 12 **duodécimo / decimosegundo**, 9 **noveno**, 16 **decimosexto**, 4 **cuarto**, 11 **undécimo**, 20 **vigésimo**, **8** octavo, **18** decimoctavo, **2** segundo

2 **1** derecho **2** separadas **3** antes **4** pronto **5** Se alejó

3 **1** próximo **2** Todavía **3** siguiente **4** pasada **5** nunca

4 SER: tarde, pronto, lejos, aquí. ESTAR: lejos, aquí. CRUZAR: el puente. SUBIR: (por) las escaleras, al último piso. METER: en el cajón, dentro. ORDENAR: la habitación, las ideas. TARDAR: cinco minutos, (tiempo) en hacer algo.

UNIDAD 2: La cantidad y la cualidad

1 **1** c **2** f **3** a **4** g **5** b **6** d **7** e

2 **1** dividirla **2** calentar **3** pesar **4** disminuir **5** llenar

3 **1** metro **2** estropeado **3** vacío

4 **1** parece **2** pesa **3** me he pesado **4** se parece **5** se rompió **6** romper

UNIDAD 3: La dimensión física

1 **1** el pan ~~amargo~~ / **blando** **2** Correcto **3** la música en una discoteca ~~baja~~ / **alta / fuerte** **4** Correcto **5** el olor a amoniaco ~~agradable~~ / **desagradable / fuerte** **6** Correcto **7** Correcto **8** Correcto **9** Correcto

2 **1** tengo **2** mide, Ha crecido **3** lleva, es, tiene **4** te pareces **5** está **6** me despierto, levantarme, estirar **7** saltando, corriendo

3 **besar**: la boca, los labios, la lengua. **saltar**: las piernas, los pies, las rodillas. **llorar**: los ojos. **respirar**: el pulmón, la boca, la nariz

4 **1** Mira **2** oigo **3** escuchando **4** veo **5** andar **6** moverse **7** estirar

UNIDAD 4: La dimensión personal

1

CUALIDADES +	CUALIDADES -
educado/a, bueno/a, tranquilo/a, alegre, generoso/a, amable	maleducado/a, travieso/a, estresado/a, triste, egoísta, impaciente, enfadado/a, arrogante

2 **1** c **2** a **3** b **4** e **5** d

3 **1** me pongo **2** hemos quedado **3** envolverlo **4** me he enamorado **5** discutían **6** conviven **7** se porta

UNIDAD 5: La alimentación

1 **1** aliñar **2** chorizo **3** horno **4** postre

2 **1** **ensalada**: aceite, vinagre, lechuga **2** **infusión**: poleo, manzanilla, tila **3** **embutidos**: chorizo, jamón, salchichón **4** **carne**: solomillo, filete, chuleta.

3 harina y margarina.

UNIDAD 6: La educación y la enseñanza

1 **1** En Polonia **2** En Finlandia **3** En Hungría **4** En Galicia (España) **5** En el País Vasco (España) **6** En India **7** En Holanda **8** En Dinamarca **9** En Grecia **10** En Bulgaria

2 **1** Deletrear **2** Opinar **3** Preguntar **4** Contar **5** Comparar

3 **1** dices **2** comentar **3** hablar **4** cuento **5** pronuncias **6** charlar

UNIDAD 7: El trabajo

1 1 médico/a, enfermero/a 2 dependiente/a 3 camarero/a 4 abogado/a

2 1 firmar el contrato → ser temporal → tener experiencia → subir el sueldo 2 tener trabajo → esperar un hijo → tener un hijo → pedir la baja 3 perder el trabajo → estar parado/a → poner un anuncio → encontrar otro trabajo

3 **Derechos**: tener vacaciones; tener un salario; tener contrato; estar de baja; hacer huelga. **Deberes:** no llegar tarde al trabajo; no realizar el mismo trabajo para otra empresa; cumplir con el horario laboral.

UNIDAD 8: El ocio

1

sustantivo	adjetivo	verbo
la diversión	**divertido**	**divertirse**
la invitación	invitado	invitar
el juego / el jugador / el juguete	jugador	jugar
la lectura / el libro	leído	leer
el viaje / el viajero	viajero	viajar
el empate	empatado	empatar

2 1 juega 2 practicas 3 hago 4 juega 5 juega 6 jugamos 7 practicar 8 juegan

3 **Jugar al parchís:** el tablero, el dado, las fichas. **Ir de excursión:** la tienda de campaña, la mochila, el saco de dormir. **Jugar al videojuego:** la consola, el mando, la pantalla, el disco.

UNIDAD 9: El deporte

1 1 pista 2 casco 3 partido 4 jugar

2 1 La natación 2 El boxeo / El esquí 3 El senderismo 4 El golf 5 El baloncesto

3 1 c 2 a 3 e 4 b 5 d

4 1 practica 2 salió 3 empató 4 ponte 5 jugar 6 correr 7 ganar 8 saltar 9 ha participado

UNIDAD 10: La información y los medios de comunicación

1 1 las secciones 2 el buzón 3 la arroba 4 el quiosco 5 el saldo 6 el suplemento

2 1 responde 2 habló con 3 Está 4 llamar 5 quiere hablar con ella

3 1 escribir, mandar, recibir 2 saludar, despedirse, firmar 3 redactar, corregir, publicar 4 leer, contestar, enviar

4 1 cuelga 2 colgar 3 grabar 4 He grabado 5 han subido 6 navegando 7 han subido 8 navegar 9 Descarga 10 descargando

UNIDAD 11: La vivienda

1 1 alquiler 2 casero/a 3 soleado 4 compartir 5 terraza 6 estropeado/a 7 balcón 8 techo 9 tejado

2 1 Escoba 2 Aire acondicionado 3 Sábanas, Almohada 4 Mesa, Sofá 5 Horno

3 1 soleada / luminosa 2 subir 3 lavar 4 He apagado 5 Antes 6 He tendido

4

el salón	la cocina	el baño	el dormitorio
el sillón	el cubo el lavaplatos la escoba el microondas	la bañera el lavabo	la sábana

UNIDAD 12: Los servicios públicos

1

sustantivo	adjetivo	verbo
el/la muerto/a	**muerto/a**	morir / matar
el/la asesino/a	asesino/a	asesinar
el/la colaborador/a	**colaborador/a**	colaborar
la atención	atento/a	**atender**

2 **1** e **2** a **3** b **4** c **5** d

3 **1**, **3**, **5** y **6**: A los bomberos. **2** y **4**: A la policía.

4 **1** legal > ilegal **2** la cuenta > el cajero automático **3** he ahorrado > he gastado **4** he abierto > he cerrado **5** en billetes > en monedas **6** nacional > internacional **7** buena > mala / ha subido > ha bajado **8** carta > postal **9** sobre > sello **10** corrientes > sanitarios

UNIDAD 13: Las compras

1 **1** d **2** e **3** a **4** b **5** c

2 **1** a **2** b **3** c **4** c

UNIDAD 14: La salud y la higiene

1 **1** mareado/a **2** resfriado/a o constipado/a **3** alergia **4** fiebre **5** te has roto la pierna.

2 **1** Al dentista **2** Al oculista **3** Al ginecólogo/a **4** Al psicólogo/a **5** Al cirujano/a

3 **1** hospital, ingresar, **urgencias**, romperse el brazo **2** centro de salud, consulta, **pedir cita**, sala de espera **3** herida, algodón, **agua oxigenada**, tirita **4** ducha, esponja, **toalla**, jabón

UNIDAD 15: Los viajes y el alojamiento

1 **1** hacer **2** has reservado **3** sale, llega **4** han contratado **5** organizar

2 **1** familiar **2** cultural **3** cultural **4** organizado **5** organizado

UNIDAD 16: El transporte

1 **1** g **2** d **3** b **4** a **5** f **6** c **7** e **8** h

2 **1** c **2** b **3** c **4** a

UNIDAD 17: La economía y la industria

1 **1** carteles **2** trabajadores **3** industria **4** cultiva

2 **1** materia prima, fabricación, producto, promoción **2** publicidad, vender, comprar, pagar **3** sembrar, regar, recoger, vender

UNIDAD 18: La ciencia y la tecnología

1 el PC y el módem.

2 **1** 42 + 81 - 47 + 6 : 2 = **41** → cuarenta y dos **más** ochenta y uno **menos** cuarenta y siete **más** seis **entre** dos es **igual a** cuarenta y uno. **2** 74 – 48 + 67 – 59 = **34** → setenta y cuatro **menos** cuarenta y ocho **más** sesenta y siete **menos** cincuenta y nueve es **igual a** treinta y cuatro. **3** 45 : 5 - 2 + 90 = **97** → cuarenta y cinco **entre** cinco **menos** dos **más** noventa es **igual a** noventa y siete.

UNIDAD 19: La política y la sociedad

1 + el país, la autonomía, la provincia, la ciudad, el municipio, el distrito, el barrio, la calle

2

sustantivo	adjetivo	verbo
la invitación	**invitado/a**	invitar
la democracia	democrático/a	**democratizar**
el/la asesino/a	asesino/a	asesinar

UNIDAD 20: Las actividades artísticas

1 **1** d **2** e **3** c **4** a **5** b

2 **1** toca **2** dibujar **3** subtitulada **4** ha hecho

3 **Jazz:** violín, piano, guitarra, guitarrista, violinista, pianista, solista, cantante, canción. **Flamenco:** guitarra, guitarrista, bailarín, cantante, canción. **Ópera:** orquesta, director de orquesta, solista, cantante, canción. **Rock:** piano, guitarra, guitarrista, pianista, solista, cantante, canción.

UNIDAD 21: Las ideas y las creencias

1 **1** en **2** por **3** a **4** sobre

2 **1** rezar **2** celebrar **3** es ateo **4** rabino

3 **1** creer **2** conservador/a **3** cristiano **4** dirigente **5** filosofía **6** pensar

4 **1** laicos **2** discutas **3** monarquía **4** ateo **5** defiende **6** sinagogas **7** musulmana **8** Pienso **9** república **10** ortodoxa

UNIDAD 22: La geografía y la naturaleza

1 **1** riego **2** me muerde **3** se nubla **4** empeora **5** cultiva

2 **1** la serpiente **2** la yegua **3** la tigresa **4** la gata **5** la gallina **6** la vaca **7** la cerda **8** la mosca **9** la jirafa **10** la araña **11** la coneja **12** el mosquito